ulenue la Couverture

HENRI CHANTAVOINE

En Province

Lettres au Directeur du « Journal des Débats »

Préface de M. Paul Deschanel

PARIS

BERNARD GRASSET

ÉDITEUR

7, RUE CORNEILLE, 7

MCMX

En Province

BIBLIOTHÈQUE NATIONALE
R.F.
IMPRIMÉS

8° L₅₇
1 63

HENRI CHANTAVOIN

DÉPOT L.
ine
No.. ./.
1910

En Province

Lettres au Directeur du *Journal des Débats*

Préface de M. Paul DESCHANEL

PARIS

BERNARD GRASSET

ÉDITEUR

7, RUE CORNEILLE, 7

MCMX

PRÉFACE

———

Quoi ! mon cher ami, c'est vous, vous le critique bienveillant, le moraliste serein, qui faites de nos mœurs politiques une si noire peinture !

Oh ! je comprends ! Vous viviez dans les livres, dans les jeunes esprits pour qui vous en cueilliez la fleur ; à ceux-là vous preniez le goût de la raison et le culte de l'idéal ; à ceux-ci leur sincérité constante, leur bonne foi, cette fraîcheur des âmes non encore foulées par la vie... Et voilà que, soudain, vous tombez dans un nid de guêpes ! Oh ! que vous avez mal choisi votre villégiature !

Ne les connaissiez-vous donc pas dès longtemps ces figures dont vous brossez de cruelles esquisses ?

Ce député pour qui la politique est une industrie, qui se croit le maître, non le man-

dataire de ses électeurs, qui dit « mon arrondissement, mon sous-préfet », comme on dit
« mon champ, ma vigne », n'est-ce pas l'homme
que, pour la première fois dans notre langue,
au XIVe siècle, Oresme, traduisant Aristote,
appelait « le démagogue, celui qui par adu-
lacion et flaterie meine les populaires à sa
volenté » ?

Ce « délégué » administratif n'est-il pas,
lui aussi, une vieille connaissance ? « Syco-
phante », dit Littré, « nom qu'on donnait dans
Athènes aux dénonciateurs qui livraient aux
passions de la foule les citoyens éminents et
surtout ceux dont elle redoutait le plus la
raison et la vertu. »

Le « comitard », l'homme sans mandat et
sans responsabilité, qui se délègue lui-même,
se substitue au peuple et prétend tenir en
laisse les élus responsables du peuple, où donc
a-t-il été plus puissant que dans la grande
République du Nouveau-Monde, où, derrière
le décor de la Constitution, une organisation
irrégulière et extralégale tient tout ? Là-bas,
ils ont, en plus, la vénalité ; mais nous, nous
avons les décorations.

Aviez-vous donc rêvé d'une République d'où la faveur serait bannie, où les législateurs feraient les lois et où les administrateurs administreraient, où la palinodie ne serait pas le moyen de parvenir? Pourquoi celui qui n'a rien à vendre de lui-même, de sa conscience, de son passé, réussirait-il, puisque personne, avec lui, n'a rien à gagner?

Tout cela, c'est l'éternelle comédie humaine et, si elle offusque votre délicatesse, elle ne peut surprendre votre érudition.

Mais, j'en conviens, la France contemporaine est étrangement propice à l'éclosion de ces abus. Un système administratif forgé, il y a plus d'un siècle, pour la toute-puissance d'un soldat victorieux et qui n'a prévu, qui ne pouvait prévoir ni le suffrage universel, ni le régime parlementaire; une machine à broyer tout ce qui résiste mise, non plus aux mains d'un maître, mais aux mains d'un parti; ce parti élu par une majorité qui, en fait, est la minorité du corps électoral; des députés nommés, tantôt par 1,000 électeurs et tantôt par 23,000, souvent par des coalitions de ballottage, à 5o, 1oo, 2oo voix de majorité, forcés de défendre sans cesse leur existence précaire et, pour faire triompher ce qu'ils croient l'intérêt du pays, qu'ils confondent nécessairement avec l'intérêt de leur parti et avec leur propre intérêt, de faire jouer à leur profit ce formidable marteau-pilon et d'achever l'écrasement des vaincus : tel est l'amas de contradictions et de paradoxes sur lesquels nous vivons.

L'invasion de la politique dans l'administration, la politique de clientèle sont les résultats inévitables de cette coexistence de la centralisation napoléonienne avec le suffrage universel, le gouvernement de parti et ce régime électoral majoritaire, grossier, primitif, barbare.

Voilà la cause profonde des misères dont vous faites une si âpre satire; vous l'avez bien senti, puisque vous demandez, vous, grand professeur, qu'on ôte aux préfets la nomination des instituteurs, dont vous êtes le défenseur et l'ami, pour la donner aux autorités universitaires.

On s'en prend aux hommes; ce n'est pas eux que nous devons accuser : il leur faudrait des vertus surhumaines pour résister à cet engrenage : ce sont les institutions qu'il faut changer ou, pour mieux dire, nous devrions faire cesser le désaccord entre l'organisation administrative et les institutions politiques. Y réussirons-nous ?

Ici, laissez-moi vous dire toute ma pensée, je souhaiterais une contre-partie à votre tableau, et j'espère que votre fine plume nous la donnera quelque jour. Les vices que vous flétrissez avec tant d'esprit et de talent auraient poussé dans notre sol des racines moins profondes si tout le monde avait fait son devoir. Oui, il y a, il y a toujours eu, il y aura toujours des démagogues, des exploiteurs, des flatteurs du peuple, mais ils seraient moins nombreux, moins hardis si, en beaucoup d'endroits, les bons citoyens, au lieu de leur laisser le champ libre par peur des responsabilités et des coups, avaient le courage d'affronter la lutte; si d'autres, en poussant obstinément à la politique du pire, ne se faisaient pas les complices des violents; si d'autres enfin, qui devraient donner l'exemple de la clairvoyance et de l'adresse, n'accumulaient pas les fautes comme à plaisir. Peut-être écrirez-vous quelque jour cette histoire ; elle ne sera ni moins instructive ni moins piquante que celle-ci !

Mais enfin je crois tout de même que, pour être juste, la conclusion d'une étude sur notre France actuelle doit être optimiste.

Il y a très peu de temps, la France subit une terrible crise. Jamais les maux que vous déplorez — tyrannie locale, favoritisme, délation — n'avaient été plus graves. Ce beau régime nous valut l'échec de Tanger, où nous dûmes reculer parce que nous n'étions pas prêts. Or, à peine étions-nous sortis de cette passe désastreuse, qu'à propos d'un nouvel incident diplomatique, celui de Casablanca, la France tout entière se retrouva debout, une et résolue. Ce jour-là, il n'y eut qu'une France et qu'une République. Ce jour-là, les délégués, les comités, l'administration et l'armée même livrées aux influences politiques, tout cela pesa fort peu dans la volonté de la patrie ; un grand courant d'air pur, venu de la frontière, balaya tout. Nous en aurons d'autres !

Voltaire disait : « Nos petits-fils seront bien heureux, ils verront de belles choses ! » C'est nous-mêmes, mon cher ami, qui verrons de belles choses, soyez-en sûr, si, au lieu de jouer à qui perd gagne, comme nous l'avons fait de 1864 à 1870, ou d'attendre que les autres jouent dans notre jeu, comme nous l'avons fait trop souvent depuis nos revers, nous savons saisir les chances qu'un prochain avenir nous réserve.

P\AUL DESCHANEL.

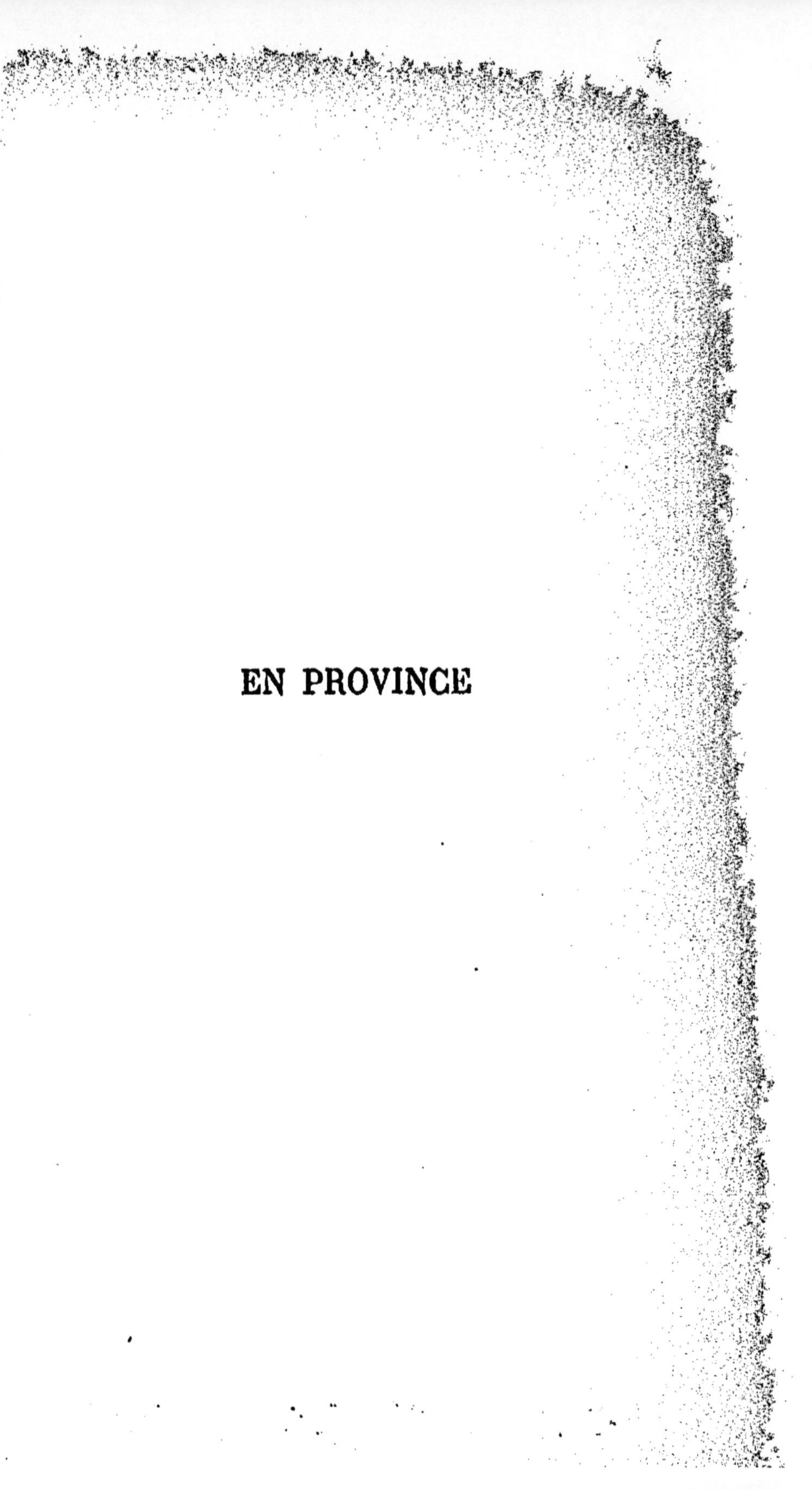

EN PROVINCE

EN PROVINCE

Mon cher Directeur,

Vous m'avez demandé de dire ici, au courant de la plume, ce que j'ai vu, ce que j'ai appris, dans mon petit coin, de la vie de province ; ce qu'elle est devenue, ce qu'elle deviendra chaque jour davantage, si l'on n'y met bon ordre, à l'ennui et au dam de la province, depuis qu'elle a été empoisonnée par la politique. Je vais vous en dire très naïvement et très librement le peu que j'en sais, ce que j'en ai vu moi-même de mes propres yeux, ce que m'en ont raconté d'honnêtes gens, dignes de foi. Je le ferai sans passion, sans colère et même sans rancune; sans parti pris d'aucune sorte et sans médisance. La véritable indépendance se reconnaît à deux qualités, qui sont justement celles de la maison où j'ai l'honneur d'écrire : la franchise et la mesure.

Ces notes brèves pourraient s'appeler l'histoire d'une sous-préfecture. Toutes les sous-préfectures se ressemblent plus ou moins : elles ont entre elles, malgré la différence des climats, des races et des humeurs, un air de famille. Regarder, en passant, le petit coin provincial où l'on vit, c'est déjà, sauf les cas particuliers, prendre une idée, avoir un aperçu de bien d'autres : il n'y a qu'à généraliser les observations. Vous connaissez le proverbe italien : « Tout le monde est fait comme notre famille », *Tutto il mondo e fatto come la nos-*

tra famiglia. La sous-préfecture dont je vous parle est une petite ville aimable et avenante, qui a des promenades délicieuses. Je l'ai connue souriante et paisible en des temps lointains. Lorsqu'on la traversait, elle donnait envie de s'y arrêter ; il y faisait bon vivre, même pour les sous-préfets. Quant aux habitants, indigènes ou fonctionnaires, ils avaient l'air d'être tranquilles, de bon accueil et contents de leur sort. On se disait bonjour dans la rue, on voisinait innocemment de porte à porte ; on s'invitait de temps en temps à dîner et même à danser les uns chez les autres. Il y avait bien, sans doute, comme partout, des inimitiés et des divisions accidentelles, des compétitions, des rivalités ; il y avait, comme partout, des jaloux, des ambitieux et des trouble-fête ; mais tout ce petit bourdonnement local était plutôt celui d'une ruche que celui d'un guêpier ; on n'entendait

pas non plus ce vilain bruit de « casseroles »
qui a irrité et qui a fini par échauffer tant
d'oreilles. Les mouchards, quand il y en avait,
étaient mal vus et montrés au doigt ; les importants et les intrigants de même. On avait
la notion, le souci du bien public et chacun
allait honnêtement, sans tracasser et sans
épier son voisin, à ses petites affaires...

La politique des politiciens et des Comités
a changé tout cela. Le scrutin d'arrondissement, qui est un danger et une plaie, puisqu'il favorise l'oppression des minorités, a
sévi sur l'aimable petite sous-préfecture :
il l'a corrompue et agitée. Elle ne devrait être,
elle ne voudrait être, dans son joli cadre de
verdure environnante, qu'un foyer de vie
civique et un centre d'activité régionale ; elle
est devenue un foyer de discorde civile, à
l'état permanent et quelquefois aigu, un centre d'intrigues, de menaces et d'usurpations.

.L'élu d'une majorité provisoire, le député omnipotent et sa séquelle y ont pris de jour en jour, par tous les moyens, une influence et une autorité tyranniques. — J'y reviendrai une autre fois plus en détail : je me borne pour aujourd'hui à indiquer les causes principales et les caractères généraux de la maladie, du phylloxera moral et social, qui a envahi peu à peu tout l'arrondissement. — Ces messieurs, dès le lendemain de leur victoire, soucieux d'en recueillir et d'en accaparer tous les fruits (même les véreux, pour ne rien perdre), se sont installés en maîtres dans leur fermage ; ils ont fait de l'arrondissement leur fief et de la sous-préfecture leur donjon. Il faut désormais hurler avec les loups, si l'on ne veut pas être dévoré ou au moins mordu.

Ils ont les dents longues, bon appétit et marchent en bande. L'intérêt général du pays et même celui du département ne compte pas pour eux; ils ne pensent — et les plus cyniques le crient, les honteux l'avouent, les maladroits le laissent voir et les aveugles n'y voient rien — qu'à leurs intérêts particuliers. Ils ont constitué entre eux une Société d'exploitation du suffrage universel au profit d'une petite troupe de patrons et de clients. Au lieu d'être une fonction généreuse de citoyen patriote et désintéressé qui se dévoue et qui travaille au bien public, la politique est devenue pour eux une affaire, une carrière lucrative, qui a peu de risques, demande peu de capacités et n'offre, quand on sait s'y prendre, que des avantages. Du petit au grand, ils se font valoir et s'entr'aident les uns les autres; ils se tiennent d'abord étroitement, comme ces chenilles voyageuses, qui vont à la queue leu leu, inséparables, et ne rompant jamais leur chaîne. On décore cette complicité du beau nom de discipline électorale et démocratique; en réalité, c'est une ligue malfaisante pour tenir et maintenir un arrondissement sous la tutelle et sous la coupe d'un Comité dominateur, qui prétend disposer de tout, par la raison du plus fort, et qui ne souffre ni contrôle, ni critique, ni résistance. L'assiette au beurre fait le tour de l'arrondissement, promenée par des mains fidèles, au bénéfice des frères et amis qui sont dans les bons principes. Les autres ne comptent pas et n'ont droit qu'au silence; il n'y a de beurre, en pain ou en coquille, suivant le volume de chacun, que pour ceux qui ont rendu des services ou qui en promettent et dont ceux qui sont les maîtres du moment rémunèrent ou achètent ainsi la complaisance.

Qu'est-il arrivé? « L'esprit public a été empoisonné par l'esprit local. » Cette réflexion n'est pas de moi : elle est de quelqu'un qui était bien plus fort que moi et que beau-

coup d'autres, d'un des rares hommes d'Etat
que nous ayons eus dans ces trente dernières
années, de Jules Ferry; je m'abrite — sans
me cacher — derrière ce grand nom. Livrée à
cette politique de secte, au vrai sens du mot,
la petite sous-préfecture est devenue non pas
inhabitable, mais plus difficile à habiter;
les indépendances, les initiatives et les oppo-
sitions locales sont aujourd'hui de plus en
plus rares. Ceux mêmes qui, autrefois, ont
installé la République dans l'arrondissement
l'y ont établie et fondée par la concorde, par
la paix, par la justice et par le respect des opinions, des croyances et des droits de chacun,
parce qu'elle devait être « le gouvernement
qui nous divise le moins », sont traités couramment (et quelquefois par des bonapartistes
et des sacristains de la veille) de réactionnaires et de cléricaux. On ne peut pas tout de
même les empêcher de voter, mais on les em-

pêche de se plaindre : on couvre leur voix quand ils veulent la faire entendre ; on dénature leurs paroles et leurs actes ; on paralyse ou on contrarie leur action, lorsqu'ils essayent d'organiser quelque chose ; on détache d'eux leurs anciens amis par des menaces ou par des promesses ; on indispose contre eux tous ceux qui ont besoin du gouvernement, en ne leur accordant rien, puisqu'on réserve tout pour leurs adversaires ; bref, on les tracasse ou on les opprime. C'est le rôle principal et le grand jeu du maître éphémère de la circonscription, du député omnipotent, du monarque absolu et illégitime, dont je vous entretiendrai la prochaine fois...

LE DÉPUTÉ D'ARRONDISSEMENT

LE DÉPUTÉ D'ARRONDISSEMENT

Mon cher Directeur,

Vous le savez comme moi : bénéficiaires et victimes du scrutin d'arrondissement, dont le vice est contagieux, nos députés ne sont pas les mêmes à Paris et en province. Un très petit nombre ne changent pas. Laborieux et désintéressés au Parlement, ils le sont aussi en province ; ce sont ceux dont la situation personnelle est assez forte pour leur permettre de ne s'attacher qu'à leur mandat et de le remplir avec autant de dignité que d'indépendance. Mais les autres!... C'est à Paris qu'ils touchent et qu'ils dépensent leurs quinze mille francs ; mais c'est en province qu'ils les gagnent, Dieu sait comment !

Avant la haute paye, au temps du bas prix, quand l'indemnité parlementaire ne montait encore qu'à neuf mille francs, nous avons eu d'abord pour député un parfait brave homme et un excellent républicain. Il était dépourvu d'ambition et il ne l'était pas d'obligeance ; la politique ne l'absorbait pas ; il avait des loisirs ; ses électeurs le chargeaient volontiers de leurs commissions ; il allait pour eux dans les magasins de Paris leur acheter des cravates ou des parapluies. Il n'était pas le seul. Un de ses voisins, le député de Châtillon-sur-Seine, M. L.., membre de la commission du budget, fut chargé, un jour, de trouver ou de placer une nourrice. Après celui-là nous en avons eu un autre, pendant dix-sept ans.

C'était une espèce de fantoche, qui ne s'in-
quiétait que de sa popularité : il la devait
plus à ses excentricités qu'à ses services,
mais, comme il était sûr de sa réélection,
il s'amusait lui-même de ses drôleries et ne
faisait de mal à personne. Quand il cessa de
plaire, il eut pour successeur un nerveux
qui ne sut pas ou qui ne voulut pas garder
son siège. Nous avons aujourd'hui pour représentant un jeune avocat, ambitieux et actif,
dont l'activité serait louable s'il en faisait
toujours un bon emploi. Celui-là ne songe
nullement à s'en aller; il tient, au contraire,
à garder son siège, sa clientèle — de député
— et son influence, par tous les moyens.

Un homme qui veut être influent, ou le
faire croire, court plutôt les ministères que
les magasins. Cela se conçoit. Une cravate et
un parapluie, même de famille, n'ont jamais
qu'un destinataire. Mais promettre la même

chose à dix personnes, au risque de ne l'obtenir pour aucune; assiéger les bureaux, que cette intrusion perpétuelle ennuie et dérange, de démarches, d'exigences et de tracasseries; envoyer de Paris à un électeur influent, sur du beau papier à en-tête, la preuve, réelle ou apparente, que son affaire est en bonnes mains; pour lui prouver qu'elle est en bonne voie, ajouter en *post-scriptum,* à ce document administratif, une note autographe; cordiale et encourageante; maintenir ainsi dans une fidélité intéressée des électeurs éblouis et reconnaissants; soigner sans relâche une réélection toujours incertaine par des services qui sont plutôt d'ordre privé que d'ordre public : voilà le grand souci, la grande affaire, au Palais-Bourbon, d'un député d'arrondissement, qui est moins le représentant et l'expression d'une politique que le factotum d'une clientèle. On dit ou il fait dire qu'il est tout-puissant dans les bureaux; que les huissiers le saluent, que les directeurs l'écoutent, que les ministres n'ont rien à lui refuser, qu'il est tout près du soleil et qu'il en intercepte tous les rayons. De là à le prendre pour un aigle il n'y a que la distance qui sépare l'illusion de la vérité.

C'est encore mieux ou encore pis, si vous voulez, dans sa province, quand il y revient et, comme les voyages sont aisés, il peut y revenir à son gré entre deux séances. La petite sous-préfecture est son centre d'opérations, sa « permanence », le cœur de la toile, souple et serrée, dont il enveloppe son arrondissement. Car cet arrondissement n'est qu'à lui et ne doit pas être à un autre; il dit lui-même « ma circonscription, mes électeurs », comme on dit mon champ, ma vigne et mon troupeau. Là, le député d'arrondissement est vraiment chez lui; il s'y installe, s'y carre, s'y

met à son aise; il chasse et règne sur ses
terres, comme un seigneur d'autrefois; il voit
tout, sait tout, peut tout et fait tout. L'idolâtrie crédule des masses, toujours facile à
égarer, ajoute à son prestige tout ce que lui
a refusé la nature et tout ce que lui ôte ou lui
conteste l'indépendance critique de ceux qui
osent réfléchir encore... Je ne veux pas, vous
entendez bien, détruire le respect du peuple
pour ses élus, empêcher l'estime, la recon-
naissance et même l'admiration pour les ta-
lents et pour les services signalés; je m'in-
surge seulement contre ce culte exagéré, un
peu sot, qui se trompe souvent d'objet, et qui
n'est pas un sentiment de citoyens libres; je
me fâche surtout, comme c'est mon droit, de
cet abaissement, de cette perversion de l'esprit public, qui avilissent les choses et les
idées, qui transforment un arrondissement
en fief, substituent l'idée de faveur, de pro-

tection et d'omnipotence aux idées, plus nobles et plus saines, de justice, de droit, d'intérêt commun, transportent les mœurs et les habitudes d'une foire toujours ouverte, dans un domaine qui devrait être celui du patriotisme, des vrais principes républicains, de la collaboration civique, entre les électeurs et l'élu, au progrès, au développement et à la prospérité du pays.

Que devrait être, en effet, pendant les sessions et hors sessions, un député, même d'arrondissement? Rien de plus simple. Il a été nommé pour discuter et pour voter les lois, pour discuter et pour voter le budget, pour contrôler et pour surveiller la bonne gestion des deniers publics fournis à l'Etat par les contribuables. Pendant la session, il doit être avant tout un homme de travail, conscient de sa tâche et capable de la remplir : assidu aux séances, attentif et appliqué aux choses qui le regardent, assez ouvert d'esprit pour tout comprendre ou au moins assez laborieux pour tout étudier, au courant de l'histoire, des besoins, des aspirations et des ressources de son pays; justement préoccupé de suivre le mouvement de la société moderne, préparé, initié à la vie politique de son temps, soucieux des réformes et des progrès qui ne sont pas des chimères, des bulles de savon, mais de sérieuses réalités. Comment voulez-vous qu'il fasse tout cela s'il est toujours sur les quatre chemins ? On ne lui demande pas d'être un sauvage, mais de se borner à son rôle, à sa fonction, sans s'agiter et se disperser inutilement. La session est close, il rentre chez lui : il redevient un homme comme tout le monde. Il ne doit connaître ni amis, ni ennemis, mais, simple et accueillant, se faire tout à tous; rendre compte de son mandat, quand on le lui demande, aider ses concitoyens, ses électeurs à faire, eux aussi, leur apprentissage de la vie publique ; éteindre, apaiser, autour de lui (au lieu de semer la division), les dissentiments, les malentendus, les rivalités ; laisser les maires et même les gardes champêtres bien tranquilles ; donner l'exemple du respect pour tous les droits, toutes les opinions loyales, toutes les consciences ; ne s'attribuer aucune omnipotence, ne s'arroger aucun privilège, n'exercer, à plus forte raison, aucune tyrannie.

C'est tout le contraire qui arrive, malheureusement. Et le plus malheureux c'est qu'on s'est habitué, autour de lui, les uns par intérêt, les autres par peur, d'autres enfin par découragement ou par inertie — je ne veux pas dire par indifférence politique et par lâcheté — à trouver que les choses sont bien ainsi, à descendre le courant (qui nous mènera loin) au lieu de le barrer et de le remonter avec énergie, à plier, à se taire ou à se cacher devant de pareilles usurpations. Un arrondissement est presque à genoux devant une idole d'argile, encensée, servie et défendue par une petite bande de compères, par un *Comité.*

LE COMITÉ

LE COMITÉ

Mon cher Directeur,

Nous essayons, vous et moi, de connaître
le sens des mots, de les appliquer exactement
aux choses et de ne nous en servir qu'à bon
escient. La belle affaire ! Nous disons, par
exemple, un comité de bienfaisance, de per-
fectionnement; le comité de la Presse, le
comité d'artillerie, le comité de lecture : le
mot de comité représente alors pour nous une
petite réunion de personnes choisies et com-
pétentes déléguées spécialement pour s'occu-

per d'une affaire. C'est la définition même des meilleurs lexiques. Mais, dans la langue bizarre de la politique de clocher, ce mot de comité a une signification bien différente.

Les gens qui le composent n'ont aucun titre à représenter et à conduire l'arrondissement. Et d'abord ils n'ont reçu aucune délégation : ils se sont nommés eux-mêmes ; c'est beaucoup plus simple. Un beau matin, l'idée pousse à M. Untel de devenir quelqu'un et, pour cela, de commencer à être quelque chose. Rien ne le désignait à l'attention : il s'impose à elle. Un jour, .à dîner, ou après dîner, ou au café, à l'heure de l'apéritif, il groupe autour de lui deux ou trois notabilités locales de même envergure. Comme c'est lui qui a eu la première idée de ce syndicat embryonnaire, la présidence lui revient de droit naturellement. On la lui offre et il l'accepte, ou il la prend, pour aller plus vite. Il ne reste plus qu'à constituer le bureau : ce n'est pas long. Ces messieurs conviennent de se réunir régulièrement au café de l'Ecu, du Cheval Blanc ou des Trois Mulets. Ils sont un peu plus de trois tout de même et montent rapidement à la douzaine : un président, deux vice-présidents, un secrétaire, un vice-secrétaire, un trésorier et un archiviste, en voilà sept. Ajoutez-y un intrigant, excité par l'intérêt ou la vanité ; un besogneux, qui a besoin, en effet, de retaper son crédit; un curieux, qui aime à savoir les secrets de la politique; un bavard, qui aime à les répandre ; un gourmand ou un pique-assiette, qui aime les dîners de frairie et les petits verres; vous aurez la douzaine. C'est le nombre des apôtres et des mois dé l'année. Le choix de leurs concitoyens et le bien public n'ont rien à voir dans la mission et dans l'importance que ces bons apôtres se sont attribuées à eux-mêmes de leur propre mouvement.

Ils n'ont aucun titre ; ils n'ont pas davantage de compétence. Leur éducation politique est rudimentaire et négligée. La lecture rapide de quelques journaux avancés ou plutôt celle d'un journal unique, qui est pour eux la loi et les prophètes, les a seule préparés, si cela peut s'appeler une préparation, à connaître et à discuter les affaires publiques. La politique est ou devrait être une science qui exige un certain apprentissage, demande une certaine culture et des lumières appropriées ; il faudrait, pour s'en mêler utilement, avoir au moins de vagues notions d'histoire, de politique générale, d'économie sociale et politique, de finances, d'administration. Vous pensez bien que ces messieurs du Comité, qui sont peut-être de première force au billard ou à la manille, n'ont eu ni le temps, ni le moyen, ni, je crois, l'idée de compléter ou de refaire leur éducation, avant de prétendre à l'honneur de diriger les élections et les destinées politiques de l'arrondissement. Mais ils ne doutent de rien, et surtout ils ne doutent pas d'eux-mêmes; ils remplacent la compétence par la suffisance. Ils parlent net, haut et très fort, comme presque tous ceux qui n'ont pas grand'chose à dire. Rien ne donne du poids à un sot comme le manque absolu de timidité. Ces messieurs ne sont pas timides, bien loin de là. Electeurs influents ou agités, amis quelquefois dangereux, mais serviles du gouvernement, cuisiniers d'élections, grands vassaux du député d'arrondissement, dont ils reflètent la pensée, quand il en a une, ils finissent, la badauderie aidant, l'intimidation aussi, par jouer tant bien que mal un certain rôle. M. le sous-préfet les salue et les protège, ou inversement; les pouvoirs publics ont pour eux plus d'égards qu'ils n'en méritent; les petits fonctionnaires, toujours inquiets parce qu'ils sont toujours menacés, les révèrent ou les redoutent. On n'imagine pas combien une douzaine de hannetons bourdonnants peuvent tenir de place et faire de bruit dans une petite sous-préfecture.

A ce Comité d'arrondissement se ramifient d'autres Comités parasitaires dans les chefs-lieux de canton et jusque dans les villages. Quelques-uns se baptisent du nom pompeux de « Cercles d'études sociales et démocratiques ». Ces soi-disant Cercles d'études sociales ne sont, en réalité, que les cercles d'un tonneau vide qui n'est pas, si j'ose plaisanter ainsi, un foudre d'éloquence. J'ai eu plusieurs fois l'occasion de causer familièrement avec un de ces penseurs. Je demandais un jour à l'un d'entre eux, qui essayait de m'exposer ses idées, ce qu'il pensait du *Contrat social* et de Jean-Jacques Rousseau. Du *Contrat social,* dont je lui révélai l'existence, il n'avait pas lu un traître mot. Quant à Jean-Jacques, qu'il confondait vaguement avec Raspail, il le prenait — je n'invente rien — pour un herboriste philosophe qui avait contribué à la Révolution de 1789 ou à celle de 1848 : il ne savait plus. C'est à des cerveaux de ce calibre et ainsi alimentés que le scrutin d'arrondissement, tel qu'on le pratique aujourd'hui, remet en partie l'éducation et la direction du peuple souverain. Autre exemple, également historique. L'orateur en vue d'un de ces comités cantonaux prenait un jour la parole après un banquet : il a, d'ailleurs, une voix de tonnerre, assez forte pour faire entendre une bêtise à un kilomètre. « Citoyens, dit-il, vous savez que mon dévouement vous est *acquéri.* » — « Acquis, lui souffle un voisin, acquis... » — « Comment ! reprend l'autre de sa forte voix, à qui ? On me demande : à qui ? Mais à tout le monde ! » Vous pouvez juger par cette histoire vraie du peu qu'il faudrait attendre de ce conseiller du peuple dans un examen de capacité.

Ils se rattrapent et se font valoir auprès des puissants par les services de toute nature qu'ils rendent, à charge de revanche, à M. le Député d'arrondissement, qui est leur homme et qui n'a rien à leur refuser. Ils sont avec lui toute l'année en relations étroites, suivies, et en correspondance régulière. Ils viennent l'attendre à la gare, quand il lui plaît de visiter sa circonscription ; ils l'accompagnent et lui font cortège dans ses déplacements régionaux ; ils se déplacent avec lui et ils le promènent avec eux, pour se montrer aux populations en sa compagnie ; ils sont la cour, l'escorte d'honneur, les feudataires et les caudataires attachés à sa personne. Il a ainsi sa maison civile et même militaire, grâce à deux ou trois lieutenants de pompiers, qui ne le quittent plus. Ils l'appellent M. le Député, gros comme le bras. Ils le rendent quelquefois ridicule, mais ils le sont un peu moins à cause de lui, dans le rayonnement d'une gloire qui rejaillit sur eux. Ils sont encore la claque fidèle et nécessaire qui ne lui manque jamais dans ses tournées oratoires. Banquet populaire, enterrement civil que la Libre Pensée change en cérémonie religieuse à sa façon, inauguration d'école, de recette postale ou de fontaine publique, tout leur est bon pour assister aux harangues et pour applaudir les tirades du grand homme de leur invention. Quand il parle — et il parle souvent — ils s'écrient, pareils au chœur antique : « Comme il a bien parlé ! »

Quand il ne dit rien, faute de matière ou pour ménager sa voix, ils crient tout de même : « Comme il aurait bien parlé, s'il avait voulu ! » Cette admiration, touchante et naïve, est l'encens perpétuel que lui brûle sous le nez leur idolâtrie et que respire sa vanité. J'ai peur cependant qu'il ne leur monte à la tête aux uns et aux autres. Mais c'est à l'aide de ces moyens, un peu bas, qu'ils entretiennent son culte et conservent ou augmentent le nombre de ses *amis...*

LES AMIS DE M. LE DÉPUTÉ

LES AMIS DE M. LE DÉPUTÉ

Mon cher Directeur,

L'amitié d'un grand homme est un bienfait des dieux, celle d'un brave homme est une joie et un honneur; l'amitié d'un député d'arrondissement, c'est-à-dire du détenteur provisoire d'une parcelle de souveraineté dans une démocratie où la mendicité politique n'a rien d'étrange, n'est ni un bienfait, ni une joie: c'est un profit.

Le désintéressement est une vertu délicate, une fleur rare qui ne fleurit pas encore dans tous les arrondissements. Le scrutin d'arrondissement, avant et après une élection, n'est guère qu'une exploitation en partie double : exploitation de la crédulité populaire par un ambitieux qui jure de se consacrer au service de tous; puis, exploitation de l'élu par des électeurs intéressés; syndicat d'intérêts divers, coalition d'appétits et de convoitises, organisés autour de leur mandataire par des mandants plus ou moins avides, qui espèrent bien tirer quelque chose de lui pour se payer des voix qu'ils lui ont données. On a essayé, depuis trente ans, d'élever un peu le niveau intellectuel du peuple souverain; on n'a pas fait grand'chose pour élever son niveau moral. Triste vérité dont les lettres qu'on veut bien m'adresser de l'Aube, de la Côte-d'Or, de la Haute-Marne, de la Dordogne, des Alpes-Maritimes, etc., m'apportent chaque jour la confirmation !

Si, comme le prétendent les moralistes,

« l'amitié la plus désintéressée n'est qu'un trafic où notre amour-propre se propose toujours quelque chose à gagner », l'amitié politique exagère encore ce trafic, un peu bas, dont le scrutin d'arrondissement, qui localise le champ de foire, facilite et multiplie les marchandages. M. le Député s'y prête le premier avec une complaisance naturelle, mais affligeante. C'est un marchand de sourires. Ce grand manitou commence par être un grand maquignon, qui distribue les promesses et les pourboires autour de lui pour conserver ou pour élargir sa clientèle. Il a bien par-ci par-là quelques amis désintéressés, amis d'enfance et de village, camarades de collège, compagnons de jeunesse. Ceux-là ne s'aplatissent pas devant lui et lui disent quelquefois la vérité; comme ils ne lui demandent rien, il ne fait pas grand'chose pour eux; mais les autres, qui sont à la fois ses soutiens et ses parasites, sont plus exigeants... On comprend l'amitié politique entre gens du même parti : il est naturel que des citoyens qui ont la même foi, les mêmes principes, les mêmes idées, se groupent et s'entr'aident pour les défendre ; une amitié comme celle-là, fondée avant tout sur des devoirs communs, n'a rien que de légitime et d'irréprochable, quand elle est désintéressée. Mais ceux qui s'appellent, dans les campagnes, « les amis du Député » n'ont pas, en général, un objet si haut ni un idéal aussi pur : ils vivent ordinairement plus près de la terre qu'ils cultivent et à laquelle ils essayent de faire rendre le plus possible. Ne les accusons pas trop. C'est la faute de la nature humaine, de l'instinct et de l'égoïsme ; c'est la faute aussi d'un mode de scrutin et d'un régime de bon plaisir dont il faudrait corriger les inconvénients et réprimer les abus.

La République, telle que la conçoivent et la voient pratiquer des âmes villageoises, élémentaires et calculatrices, qui sont assez loin de Platon et de Montesquieu, n'a pas étouffé chez nous l'esprit et les mœurs de la monarchie, bien loin de là. Les amis rustiques de M. le Député n'ont pas encore des costumes de chambellans : ils en ont l'âme ; ils pourraient, ils devraient porter dans le dos, sur leur redingote de cérémonie, la clef symbolique de la porte des faveurs. Quelques-uns, les plus serviles ou les plus cyniques, ne rougiraient pas d'ailleurs de la porter ; ils en seraient plutôt fiers, comme d'un insigne honorable ou, si vous voulez, comme d'une marque de domesticité lucrative. Ils sont pour le député d'arrondissement des espèces de métayers politiques qui espèrent bien partager avec lui les revenus du fermage. Cette amitié dont ils se parent les pose d'abord auprès de leurs concitoyens, de ceux du moins qui sont assez simples pour y attacher quelque importance; elle les aide à faire figure dans leur petite bourgade, à s'élever un peu, si peu que ce soit, au-dessus du niveau commun: leur amour-propre et leur vanité — ou leur présomption — y trouve son compte. Dans ce genre-là, dans cette famille assez nombreuse et un peu cocasse de vaniteux, j'ai connu un bon type. C'est le maire ou plutôt l'ancien maire, car il ne l'est plus, d'une petite commune de mon pays. M. le Député lui écrivait de temps en temps. Toutes les fois qu'il recevait une lettre de ce législateur, il la lisait avec émotion; il la portait sur lui, comme une relique, la montrait volontiers, la publiait comme un mandement ou comme une proclamation, et invitait des amis, des voisins, dont quelques-uns s'en amusaient, à venir en entendre la lecture chez lui, en prenant un verre. On buvait son vin et on riait sous cape de sa vanité.

Ceux-là au moins sont inoffensifs, mais il y en a de plus méchants. Ce sont ceux qui font servir l'amitié protectrice et toute-puissante de M. le Député à l'âpre satisfaction de leurs convoitises ou aux ressentiments et aux représailles de leurs rancunes. Les mœurs que l'on prêtait jadis à la Corse et à d'autres pays arriérés et violents où l'esprit de clan, sauvage et féroce, subsiste encore se sont répandues peu à peu chez nous, dans presque tous les villages, durant ces quinze dernières années. Le mépris des lois et de l'égalité a engendré des instincts et des habitudes déplorables. On s'est habitué dans les campagnes à considérer le député d'arrondissement comme une sorte de tyran local — au sens italien — de podestat, de prince qui, dans la région conquise et accaparée par lui, pouvait et devait tout faire pour ceux qui avaient contribué à son élévation, et qui maintenaient sa tyrannie, pouvait et devait tout se permettre contre ceux qui l'avaient combattu, contre ceux mêmes qui montraient une tiédeur suspecte et refusaient de se prosterner devant lui. De là partout, et jusque dans les plus humbles villages, deux factions, deux clans en présence, hostiles, acharnés et irréductibles. On ne se fusille tout de même pas comme en Corse, et ce n'est pas *la Main Noire, la Mano Negra*, comme en Sicile : il ne faut rien exagérer et ne pas prendre trop au tragique ce qui, heureusement, tourne plus souvent à la farce qu'au drame; il ne faut pas non plus trop s'en amuser, car l'arrondissement est ainsi coupé en deux et les amis trop chauds et trop agressifs de M. le Député, qui croient avoir un intérêt de personnes ou de parti à jeter de l'huile sur le feu, à entretenir et à envenimer les discordes locales, rendent la paix bien difficile à leurs adversaires. M. le Député lui-même, au lieu de réagir, de s'interposer, leur donne trop souvent le mauvais exemple.

Trop souvent aussi l'Administration, qui devrait être impartiale, pacificatrice et conciliante, ne fait rien pour la réconciliation. Les amis de M. le Député crient bien haut qu'ils sont les seuls amis du gouvernement et ils se réclament de lui ; ils représentent les autres comme les ennemis du gouvernement et même de la République. C'est là que devrait intervenir, comme un sage, comme un arbitre, et qu'intervient trop fréquemment comme un étourneau ou comme un sectaire *M. le Sous-Préfet,* dont je vous parlerai la prochaine fois.

M. LE SOUS-PRÉFET

M. LE SOUS-PRÉFET

Mon cher Directeur,

Nous avons connu, vous et moi, bien des sous-préfets. Il y en a toujours eu, il y en a encore d'excellents, qui prennent leur tâche au sérieux et qui s'occupent de leurs administrés : c'est le petit nombre ; on ferait bien de les nommer préfets tout de suite, d'abord pour les récompenser, puis pour rajeunir et, ici ou là, pour épurer les cadres. Il y en a de moins bons qui, ballottés par la force des

choses entre leur conscience et leur intérêt,
écoutent plutôt le cri pressant de celui-ci que
la voix sourde et intermittente de celle-là. Il
y en a de fâcheux, de déplorables, qui font
du mal à leur arrondissement sans faire de
bien à la République qu'ils représentent. Ce
sont les faibles, les lâches et les ambitieux.
Comme ils se sentent à la merci de M. le Député, ils prennent le parti de se mettre à sa
dévotion : c'est là toute leur politique, purement égoïste et servile; ils n'en ont pas
d'autre. La manière dont un sous-préfet
entend son devoir dépend d'ailleurs de celle
dont M. le Préfet, son chef et son modèle,
entend le sien. Si, par malheur, M. le Préfet
est un brutal et un arriviste, un homme à
poigne plutôt qu'à principes, qui veut faire
marcher le département, M. le Sous-Préfet,
son reflet et son vicaire, imite l'attitude de
son chef, lui prend ses gros yeux, sa grosse

voix, son sceptre, qui n'est qu'une trique, et répète les mêmes moulinets.

Un sous-préfet pénétré de sa fonction et soucieux de sa dignité ne devrait pas avoir d'autre tâche que celle de bien administrer. C'est pour cela qu'on l'a nommé, qu'on lui a donné une sous-préfecture et un bel habit brodé, qui n'est pas une livrée, mais un uniforme. Celui qui en aurait la hardiesse et les moyens serait bientôt populaire et considéré dans l'arrondissement; on ne jurerait que par lui; mais la plupart du temps M. le Député s'y opposerait de toutes ses forces : il prendrait ombrage de cette popularité administrative qui ferait tort à la sienne, de cette bonne et loyale administration qui empêcherait sa mauvaise cuisine. Grâce à notre déplorable scrutin d'arrondissement dont les vices ne seront jamais assez flétris, le meilleur des sous-préfets ne peut guère s'opposer à l'action néfaste d'un mauvais député; un mauvais député, au contraire, — j'entends par là l'homme qui subordonne le bien public à son ambition et à son influence personnelles, qui veut demeurer le maître et le tyran unique de sa circonscription — peut toujours réduire à l'impuissance, sinon à la domesticité, un sous-préfet honnête, impartial et indépendant, qui oserait entraver ou même discuter son omnipotence et se mettre en travers de ses fantaisies. Il faut, de gré ou de force, que le sous-préfet s'incline devant lui, marche derrière lui, empressé ou résigné, et fasse ses trente-six volontés; la politique, et Dieu sait laquelle! paralyse, détruit et remplace l'administration.

Et pourtant, dans une petite ville, la sous-préfecture, comme la mairie, la maison commune, devrait être ouverte et hospitalière à tous : non seulement aux partisans et aux amis de M. le député, mais aux simples citoyens, électeurs et contribuables, qui viendraient là, comme chez eux, les jours de marché, solliciter un conseil et un appui, introduire une demande, faire valoir une réclamation. M. le Sous-Préfet pourrait aussi, comme un sous-préfet allemand, un *kreis-director*, visiter, un jour ou deux par semaine, les communes de son arrondissement, se rendre compte, par ses propres yeux, des gens et des choses, concilier les intérêts, apaiser les querelles, éclaircir et aplanir les difficultés. Nous sommes loin, comme vous savez, de ces mœurs antiques.

Les choses se passent généralement de la façon suivante : dès son arrivée dans sa petite sous-préfecture, quelquefois avant, — et je ne raconte ici, sans citer les personnes et les lieux, que je pourrais nommer, que ce qu'il m'a été donné de voir ou d'entendre dire par de sûrs témoins, — M. le Sous-Préfet reçoit une première visite de M. le Député, engageant ou menaçant, courtois ou impérieux (cela dépend des caractères), qui lui tient à peu près ce langage :

« Mon cher sous-préfet, c'est votre intérêt et le mien, le vôtre surtout, que nous soyons bons amis. Je ne demande pas mieux et vous serez, je pense, de mon avis : vous n'y perdrez rien. Je connais mieux que vous notre arrondissement, que vous ne connaissez pas encore ; vous y résidez provisoirement, mais j'y habite ; j'y étais avant vous et j'y serai sans doute encore après vous. J'y ai de nombreux amis dévoués, actifs, qui sont de très bons républicains, puisqu'ils votent pour moi, et que je vous présenterai à tour de rôle ; ils se présenteront du reste eux-mêmes quand ils auront besoin de vous et que vous pourrez avoir besoin d'eux. Faites-leur bon accueil en mon nom, je vous en prie. Je les ai accoutumés à une familiarité dont nous avons reconnu l'avantage : elle ne détruit pas les distances et elle supprime les cérémonies; il n'y en a pas plus entre mes principaux électeurs et leur élu qu'il n'y en aura bientôt, j'aime à le croire, entre vous et moi. Nous n'aurons rien de caché pour vous, à charge de revanche. Quant aux autres, à nos adversaires, ou pour mieux dire aux ennemis de la République, puisqu'ils la conçoivent autrement que nous, vous pouvez les traiter, sans vous gêner, comme il vous plaira. Nous avons la majorité, une majorité compacte et résolue; nous avons donc pour nous le droit et la force. Le Gouvernement, la Préfecture et moi-même nous vous donnons carte blanche. Vous aurez ainsi, dans mon cher arrondissement, une résidence agréable, des relations aisées, une administration facile, et quand vous songerez un jour à nous quitter pour un poste plus digne de vous, vous ne nous laisserez que des regrets. »

A cette petite allocution, toute paternelle ou fraternelle, M. le Sous-Préfet, neuf fois sur dix, répond ainsi : « Monsieur le Député, je vous remercie de m'avoir exprimé votre confiance et promis votre amitié : je tâcherai de me rendre digne de l'une et de l'autre... »

A quoi bon lutter ? Les mauvais coucheurs ne sont jamais aussi bien vus que les chiens couchants. Ce serait la lutte du pot de terre contre le pot de fer. Un jeune sous-préfet, à moins d'être une cruche, comprend tout de suite les risques du choc et l'inégalité du conflit. Quand il est ambitieux et dépourvu de scrupules, lui aussi, il pousse quelquefois la complaisance jusqu'à écumer lui-même la marmite électorale et politique dont la sur-veillance lui a été confiée. Lorsqu'on veut devenir rapidement sous-préfet de première classe, il faut apprendre à grimper, quatre à quatre, tout l'escalier qui conduit en haut. Faute de souplesse, on ne monte pas et on risque même de dégringoler. Il n'est peut-être pas très relevé et il doit être, à certains jours, bien écœurant d'épouser ainsi tous les intérêts, toutes les amitiés ou toutes les haines d'un homme qui se sert de vous comme d'un officieux, d'un fondé de pouvoir et quelquefois d'un complice ou d'un instrument; mais les choses sont souvent plus fortes que les personnes; les meilleures intentions du monde peuvent fléchir contre les conseils perfides de l'ambition ou les assauts de la menace et de la crainte ! L'ascension et même l'équilibre sont le prix de la docilité : il n'y a que le premier pas qui coûte; les autres rapportent...

LA JUSTICE

LA JUSTICE

Mon cher Directeur,

On disait autrefois : raide comme la Justice. On ne le dit plus. Elle s'est bien assouplie depuis qu'elle a été dressée à l'obéissance par la politique. Elle a toujours sa balance, mais elle a ôté son bandeau, pour reconnaître tout de suite, à première vue, ceux qu'elle doit favoriser; elle a aussi deux poids et deux mesures, comme les mauvais marchands qui trompent leur clientèle. Je n'écris pas ici pour faire métier de délateur, mais d'historien véridique des mœurs d'aujourd'hui; je n'ai pas à établir des fiches — je ne saurais pas — mais à rédiger des notes; je ne veux donc pas m'attaquer aux personnes et citer, en les nommant, des individus; je me borne à citer des faits, qui sont prouvés, et à les convertir en réflexions. Je ne songe pas davantage à discréditer la République, au contraire; en condamnant, comme c'est mon droit, les mœurs et les abus politiques dont nous souffrons, dont nous périrons peut-être, je ne veux que signaler un péril et, en le montrant aux bons citoyens, prévenir la réaction, prochaine, inévitable et dure, où nous courons sans avoir l'air de nous en douter.

Du petit au grand, tous les organes et tous les agents de la justice sont aux ordres du maître de l'heure, du député tyrannique et néfaste d'arrondissement. La magistrature assise se tient encore assez bien : il est difficile, si j'ose jouer sur les mots en ces matières graves, de faire le siège d'un magistrat bien assis et inamovible. La magistrature debout est plus flexible et assez souvent couchée ; elle se courbe sous le vent de la politique,

Comme au souffle du Nord un peuple de roseaux.

Ces roseaux ont beau être des « roseaux pensants », ils pensent surtout à eux-mêmes, à leur situation, à leur avenir. Cet avenir dépend beaucoup de la politique ; ils lui font rarement les gros yeux pour qu'elle leur fasse, en récompense, les yeux doux.

Les agents subalternes de l'autorité judiciaire, gardes champêtres, gardes-pêche, gardes forestiers, gendarmes, sont, eux aussi, qu'ils le veuillent ou non, à la discrétion de la politique locale. Il n'y a de procès que pour ceux qui votent mal et qui ont, à la sous-préfecture ou au parquet, un dossier fâcheux.

M. le Député couvre tous ses amis et ne laisse
ou ne fait sévir et verbaliser que contre les
autres. Un cabaretier bien pensant peut garder son cabaret ouvert toute la nuit, à la condition, et ce n'est même pas nécessaire, de
fermer sa porte; un autre, non. Les procès de
lanterne dépendent de la couleur politique
du voiturier; il en est de même des procès de
voirie; on ferme les yeux ou on les ouvre sur
une lanterne non allumée, sur un défaut de
plaque à une voiture, sur une carriole ou sur
des fagots abandonnés sans éclairage noc-
turne le long d'un mur, selon que le délin-
quant se recommande ou ne se recommande
pas de certaines protections. Un braconnier
qui a de bons antécédents politiques peut tuer
un lièvre ou prendre une truite en temps
prohibé, sans avoir à craindre la confiscation
de son fusil ou de son verveux. Les gardes
champêtres, qui ont changé de rôle, sont sur-

tout devenus des chiens de berger électoraux, chargés de maintenir dans le rang les électeurs fidèles ou d'effrayer et de ramener les dissidents, en favorisant les uns et en mordant les autres. Pandore lui-même et son brigadier doivent marcher botte à botte avec M. le Député de l'arrondissement, qui a toujours raison.

On a étendu la compétence des juges de paix; on a eu raison; on ferait bien aussi de garantir leur indépendance et de surveiller leur recrutement. J'en connais un ou deux autour de moi d'excellents et d'irréprochables. Ceux-là, mais le nombre en diminue tous les jours, sont de véritables justiciers; on n'ose rien faire contre eux, parce qu'ils ne se laisseraient pas faire; on n'ose même rien leur dire en face, parce qu'ils sont de taille et d'humeur à riposter; on se borne à les avertir et à les inquiéter sourdement. Il y en a d'autres, malheureusement, qui ont moins d'assiette et de caractère; la Préfecture et la Sous-Préfecture, surtout en période électorale, leur demandent toute espèce de renseignements et quelquefois toutes sortes d'interventions... Les déprédations, les bris de clôture, les vols de lapins, de volailles et d'escargots, bref les cambriolages rustiques se sont multipliés depuis quelque temps dans nos villages, où la propriété privée, jadis mieux défendue, traverse une crise. On est devenu, et c'est un bien, plus sévère pour les nomades, pour les camps-volants, qui ne sont pas électeurs dans le pays; mais les garnements indigènes, quand ils se sentent soutenus, sont plus hardis et moins réprimés.

Laissez-moi, à titre d'échantillon, vous raconter, en modifiant un peu les circonstances pour éviter à cette anecdote tout air de délation, un petit fait qui s'est passé récemment dans nos pays. Deux ou trois polissons, pris de vin ou par méchanceté, s'introduisent la nuit dans un jardin clos, hors du village ; ils escaladent la clôture, piétinent et ravagent des légumes et des fleurs, appartenant à un brave homme, à un ouvrier d'usine, qui amuse ses loisirs à jardiner ; ils démolissent à moitié une petite maisonnette. Colère légitime du propriétaire, plainte à la gendarmerie, enquête. On découvre bientôt les coupables, qui n'ont pas d'excuse. Mais le père ou l'oncle d'un de ces jeunes drôles a de belles connaissances politiques. Il intervient et on intervient pour lui. Le parquet refuse de poursuivre ; on offre une indemnité ridicule au plaignant, qui la refuse, et on le somme presque de retirer sa plainte : il refuse encore. Heureusement le maire du pays, homme considéré, solide et qui n'a pas froid aux yeux, intervient à son tour : l'affaire est portée en haut lieu, d'où l'on envoie l'ordre de poursuivre. On poursuit donc et ces galopins sont condamnés : pour le premier délit, à une amende légère, avec sursis ; pour le second, à une amende encore plus minime et presque dérisoire, sans sursis.

Vous devinez le mauvais effet qu'une affaire ainsi conduite, la tentative, avortée mais subtile, d'étouffement, le refus de poursuivre, la poursuite tardive et rechignée, la condamnation bénigne, ont produit dans tout le pays et même aux environs. Autre fait, dans une région différente. Un propriétaire, mal noté pour ses opinions subversives — c'est cependant un bon républicain, mais il vote à sa guise, c'est-à-dire suivant sa conscience — range, un soir, deux voitures de foin dans une impasse que personne ne pouvait traverser, puisque c'est une impasse. On lui dresse six procès-verbaux, trois par voiture : le premier, pour défaut de plaque (à la rigueur, celui-là était bon); le second, pour embarras de circulation, dans une impasse; le troisième pour défaut d'éclairage. $2 \times 3 = 6$: c'est bien le compte. S'il avait été un ami de M. le Député et de ceux qui ne jurent que par lui, ni vu ni connu : il aurait pu ranger à la file douze charrettes de foin dans la Grande-Rue, on n'aurait rien dit.

On parlait beaucoup sous l'Empire, il y a longtemps, des poules du gouvernement et des poules de l'opposition. Toutes ces poules ont pondu, depuis ce temps-là, et il y a toujours deux poulaillers. Les poules, les chères petites poulettes du gouvernement peuvent se permettre toutes les libertés, toutes les fantaisies, entrer dans les maisons et dans les jardins, etc.; elles sont, par définition, innocentes et intangibles; la justice les protège, les couve et ne les surveille pas; les autres, les mauvaises bêtes, toujours épiées, toujours tracassées, feront mieux de rester chez elles. Ce n'est peut-être pas le bon moyen de faire pénétrer et respecter dans les campagnes l'idée de la Loi, égale pour tous, et de la Justice, impartiale et sereine comme le Droit.

LES PETITS FONCTIONNAIRES

LES PETITS FONCTIONNAIRES

Mon cher Directeur,

Vous connaissez comme moi ces petits fonctionnaires, qui sont les mêmes partout, et vous les plaignez comme moi. Vous savez combien ils sont intéressants et dignes de pitié. Même au temps du Seize-Mai, de fâcheuse mémoire, ils n'ont jamais été plus bousculés et plus inquiets que maintenant. La République avait pourtant promis de veiller sur eux et de les traiter doucement : elle n'a pas tenu toutes ses promesses; elle a légèrement amélioré, il faut le reconnaître, leur situation matérielle, mais leur situation morale est bien déchue. Ils se sentaient plus garantis et plus protégés — je ne fais que répéter ici ce que j'ai entendu dire par des anciens — même sous l'Empire...

On les tracassait, il y a quelque temps, quand leurs femmes et leurs filles allaient à la messe : elles n'y vont plus guère aujourd'hui ou elles n'y vont qu'en se cachant. C'est eux-mêmes que la politique locale épie, taquine et menace de toute façon. On les fait marcher au doigt et à l'œil. On les considère moins comme chargés d'un service public, qu'ils ont à remplir de leur mieux, que comme des agents politiques, des sous-officiers électoraux, destinés à encadrer et à conduire l'armée électorale, non seulement pendant les grandes manœuvres, en temps d'élection, mais en temps ordinaire et d'un bout à l'autre de l'année. Ils doivent être aux ordres, à la dévotion des maîtres de l'arrondissement, de M. le Député, de M. le Sous-Préfet et de leurs amis. La moindre velléité d'indépendance personnelle, de libre arbitre, est tenue pour une marque d'insubordination; le manque de zèle est noté comme un signe de mauvais esprit et entraîne la suspicion, la défaveur ou la disgrâce. La passivité absolue et cadavérique — le fameux *perinde ac cadaver* des jésuites, que nos prétendus libres penseurs ont tant flétri, sans savoir au juste ce qu'il veut dire — est de règle aujourd'hui sur toute la ligne : les francs-maçons et les Comités, qui sont d'étranges congrégations, surveillent, dénoncent et punissent les récalcitrants.

Ces petits fonctionnaires, que l'on finira, si l'on n'y prend garde, par exaspérer, ce sont les cantonniers, les facteurs des postes, facteurs de village et facteurs ruraux, les gardes champêtres, les gardes forestiers, les gendarmes, les employés de la régie, les instituteurs (dont je vous parlerai à part, une autre fois), bref, tous les humbles, tous les gagne-petit, que la modestie même de leur condition et de leur traitement recommande à la sympathie. On devrait au moins les laisser tranquilles; on les persécute et on les ennuie. Ils ont besoin de leur place pour vivre et ils ont besoin des puissants du jour pour garder leur place. Ces puissants le leur font bien sentir et pèsent sur eux de tout leur poids, qui n'est pas léger. Les petits fonctionnaires, si étroitement mêlés à la vie de nos campagnes, sont pour la plupart de fort honnêtes gens, dépourvus d'ambition et de fanatisme, dont le principal souci est de s'acquitter de leur devoir paisiblement. Ils ne demanderaient pas mieux, soyez-en sûr, et ils le disent assez haut pour qu'on les croie, que d'échapper à la politique, de vivre à l'écart et en dehors d'elle, d'ignorer ceux qui s'en mêlent, puisqu'ils n'ont que des ennuis à en attendre. Mais cette politique, qui ne veut pas se passer d'eux, les asservit, les exploite et les mobilise : elle les fait servir, contre leur gré, à ses besognes, qui ne sont pas toujours honnêtes, à ses passions et à ses rancunes; elle s'en sert quelquefois, à leur insu ou sans qu'ils se doutent eux-mêmes de ses menées occultes, comme d'un instrument d'oppression; elles les contraint à travailler pour elle et à y faire travailler tous ceux qui les entourent. Comme ils ont des racines dans le pays, toute la famille, tout le clan du petit fonctionnaire sont embrigadés avec lui; il doit répondre, presque sur sa tête, de la conduite, des propos et des votes, du loyalisme fidèle et actif de tous ceux qui ont avec lui un

lien quelconque ou sur lesquels on lui suppose, à raison ou à tort, quelque ascendant.

Nos petits fonctionnaires, si enveloppés, si
menacés par la politique locale, ont bien un
recours naturel dans leurs chefs. Ces chefs, je
parle des meilleurs, ne demandent eux-
mêmes qu'à protéger et à couvrir leurs subor-
donnés, à ne faire entrer en ligne de compte,
quand il s'agit, par exemple, d'un avancement, d'une gratification, d'une récompense,
que leurs états de services. Leur administration, ils le sentent bien, n'a rien à gagner à
se confondre avec la politique; mais le poli-
ticien, lui non plus, ne les laisse pas tranquilles. Comme les voyages ne lui coûtent
rien, puisqu'il les fait presque toujours gra-
tuitement, il va les relancer jusque dans les
bureaux, dont il sait se faire ouvrir ou forcer
la porte; il dispose de tant d'arguments, de
tant d'influences, qu'il est devenu bien diffi-

cile de lui résister. La politique menace d'ailleurs et frappe en haut, quand elle le croit nécessaire, pour être plus sûre d'être obéie en bas. Tour à tour persuasive ou menaçante, pleine de ruse ou de brutalité, elle assiège les grands chefs de demandes, les importune de sollicitations, leur mendie ou leur arrache une signature. Le tour est joué. Un agent, même irréprochable, est déplacé ou censuré, parce que son nez a déplu et qu'il n'est pas de la « coterie »; un autre, médiocre, mais bien en cour — nous retrouvons ainsi le langage et les habitudes de l'Ancien Régime — obtient une faveur imméritée ou prématurée, parce qu'il a, comme on dit dans les campagnes, « des protections » et qu'il a rendu des services purement politiques, qu'on l'encourage de cette façon à continuer. Celui-là, comme on dit encore, est « un roublard », un malin, qui sait s'accommoder au temps présent et profiter de la situation; il touche une prime pour le travail supplémentaire que ses patrons politiques lui ont confié; les autres sont des naïfs ou des maladroits, qui risquent beaucoup de n'avoir jamais d'avancement, même à l'ancienneté, et qui sont toujours sous le coup d'un avertissement ou d'une mésaventure.

Un pareil état de choses — et je n'ai pas chargé le tableau de couleurs trop noires, je pourrais mettre un nom et un fait sous chacune de ces réflexions — ne saurait durer bien longtemps. Il est trop contraire à la bonne règle et au bien public pour que ceux qui en sont les victimes, c'est-à-dire presque tout le monde, ne finissent point par se fâcher; pour que ceux qui en sont responsables et qui en profitent ne s'exposent pas à des représailles prochaines et inévitables. Les petits fonctionnaires, si dévoués et si utiles à la République, n'avaient pas rêvé d'une République comme celle-là. Ils avaient rêvé d'une autre, d'où le favoritisme serait banni, comme une honte, et le parasitisme, comme un mendiant; d'une administration qui n'aurait égard qu'aux services réels, aux notes méritées, aux titres sérieux; d'une politique qui empêcherait les forts d'opprimer les faibles, les grands d'humilier et d'exploiter les petits. Ils voient tous les jours le contraire. Leur désillusion tourne déjà au mécontentement; leur mécontentement finira par tourner à la révolte. On ne peut plus les duper : ils ouvrent les yeux; on essaiera vainement de les réduire. Ils ne jetteront pas les hauts cris : ils savent que crier ne sert à rien; mais ils ont en main l'arme silencieuse et terrible du bulletin de vote qu'il sera tout de même difficile de leur reprendre et d'escamoter. Ce jour-là, M. le Député d'arrondissement, M. le

Sous-Préfet et tous ceux qui ont abusé de la toute-puissance passeront peut-être un mauvais quart d'heure...

LES INSTITUTEURS

LES INSTITUTEURS

Mon cher Directeur,

Les *Débats* n'ont cessé de le dire, de s'en
plaindre, et vous avez signalé le péril dès la
première heure : la politique, qui pénètre
aujourd'hui partout, est entrée dans l'Ecole
laïque et l'a corrompue. Au lieu de s'arrêter
sur le seuil sacré de l'Ecole neutre, qui
devrait être infranchissable pour des intrus,
la politique de parti a soufflé l'esprit de secte,

et la politique locale l'esprit de discorde entre les murs paisibles où l'instituteur conscient de sa mission ne devrait donner aux enfants confiés à sa garde et à ses soins que des notions et des principes capables de former leur esprit, leur âme et leur caractère.

Daignez me croire : presque tous ceux qui parlent des instituteurs ou les font parler n'ont jamais parlé avec eux. J'ai l'honneur d'être, depuis longtemps déjà, délégué cantonal dans mon pays ; je connais les enfants de nos villages et je sais par eux et par leurs familles l'enseignement qu'ils reçoivent ; je connais leurs maîtres, j'en connais beaucoup, et les chefs hiérarchiques de ces maîtres ; j'ai souvent causé avec eux, comme avec des amis, et ils ont causé, ils causent encore avec moi ; nous nous sommes dit franchement et loyalement tout ce que nous avions à nous dire. La plupart des instituteurs de campagne, soyez-en certain, se sont opposés et résistent toujours à cette invasion de la politique dans un domaine qui n'est pas le sien et dans une maison qui ne veut pas d'elle. L'invasion s'est faite malgré eux et contre eux; ils le sentent bien, ils en ont la preuve tous les jours ; elle s'est faite au détriment de leur fonction, qu'elle a dénaturée, de leur dignité, qu'elle avilit, de leurs intérêts, qu'elle menace. Mais comment faire quand on n'est qu'un simple instit' 'eur de campagne, toujours entre l'enclume et le marteau, pour résister à plus fort que soi ?...

Je le sais : il y a des instituteurs déplorables, comme il y a de mauvais magistrats et de mauvais prêtres. Aucune profession humaine n'est exercée que par des gens parfaits; il n'est pas de troupeau humain qui soit et qui puisse être exempt de brebis galeuses. Ces mauvais instituteurs, ce sont les énergumènes, les arrivistes, comme on dit maintenant, et les lâches. Mais d'abord, si l'on veut être juste — et il faut l'être — il importe de définir tout de suite les responsabilités. Ces instituteurs néfastes sont responsables et victimes en partie d'un état de choses qu'ils n'ont pas créé tout seuls.

Les sectaires sont des esprits faux que les mauvaises lectures, les mauvais discours et les mauvais exemples ont détraqués. Ils ne sont pas assez savants pour être modestes. Enflés d'un savoir creux et rudimentaire, ils se sont crus appelés, les pauvres gens, à devenir les prophètes des temps nouveaux et les évangélistes du chambardement. On le leur a dit et ils l'ont cru. L'âpre et funeste ambition qu'on leur a ensuite soufflée a fini en eux ce que le fanatisme et l'orgueil avaient commencé. On a flatté, caressé, irrité cette ambition par tous les moyens. On leur a dit, on leur a prouvé, que s'ils voulaient servir les puissants du jour, se mettre et rester à leur dévotion, comme des sacristains laïques, ils pourraient vivre, eux aussi, plus largement, de l'autel ou du Temple; que la politique protégerait et favoriserait en eux les agents secrets ou déterminés de son influence et les instruments de ses volontés. Ils l'ont cru encore. Comment ne pas le croire, à moins de se refuser à toute évidence, quand autour d'eux, d'un bout de l'année à l'autre, les faits et les hommes se chargeaient de leur démontrer cette vérité ! Et enfin ceux mêmes que le fanatisme n'égarait pas, que l'ambition et l'intérêt ne sollicitaient point, n'avaient pas toujours peut-être cette force de caractère qu'il est d'ailleurs plus facile d'exiger des autres que de faire briller en soi. On a épouvanté ces timides : on les a pris par la menace et par la crainte; ils n'auraient pas cédé à des promesses, ils ont obéi, sans gaieté, à des injonctions.

Eh bien! malgré tout, la majorité, la grande majorité des instituteurs — je parle sans passion, sans complaisance et sans flatterie de ceux d'un département de l'Est que je connais bien — sont restés inattaquables et irréprochables. Ils ont conservé le souci de leur métier et de leur dignité professionnelle, le sens de leur noble fonction d'instituteurs publics, chargés d'un service d'Etat, d'éducateurs modestes et loyaux d'une démocratie réglée, le sentiment de la règle et de la discipline, le respect de la hiérarchie et des lois, l'amour de la patrie et du drapeau. Ils ont eu et ils ont encore de bons chefs, quelquefois excellents, pour les diriger et les maintenir dans cette voie. La mauvaise politique locale, passionnée, violente, brouillonne, haineuse, a vainement essayé, jusqu'à présent, de faire

parmi eux de nouvelles recrues. Ils ont mé-
prisé certaines de ses avances, comme des
injures, mis et tenu à l'écart, avec répu-
gnance, certains de ses intermédiaires, comme
des indignes. Ils ont besoin d'estimer ceux
qui les commandent; aussi, ont-ils refusé
d'obéir à des politiciens qu'ils n'estimaient
pas.

Ces politiciens sont revenus à la charge et
ont usé contre eux de toutes les armes. Voici
un simple fait, en guise d'échantillon. Une
jeune institutrice, très bien notée, demandait,
avec tous les titres, un changement de poste,
facile à obtenir, qui devait la rapprocher de
son pays. Elle va trouver M. le préfet, car ce
sont maintenant les préfets qui disposent
presque partout de la nomination des instituteurs; elle fait valoir ses titres et ses rai-
sons. « Mademoiselle, lui répond de très haut
ce grand fonctionnaire, je ne puis rien faire

pour vous : vous avez des opinions et des croyances qui me déplaisent ; vous allez à la messe. » Et il ajoute, ironique et spirituel : « Votre foi vous donnera des compensations. Quand on croit pouvoir compter, comme vous, sur les joies du Paradis, les avantages matériels sont peu de chose ! » La pauvre fille s'en alla sans rien répondre ; elle sortit de la préfecture humiliée, déçue et triste. Que pensez-vous de ce proconsul ? C'est pourtant à ce monsieur et à quelques autres de son espèce, car c'est une espèce, que le sort des instituteurs et des institutrices est abandonné ; c'est lui qui dispose, presque sans contrôle, puisque l'inspecteur d'académie le mieux intentionné, le plus honnête homme ne peut pas tenir contre lui, de la situation, de l'avancement, du déplacement des instituteurs.

C'est lui ou plutôt ce n'est pas lui : ce sont

les politiciens qu'il a intérêt à ménager, qu'il ne veut et ne peut contrarier dans leur industrie; c'est M. le Député d'arrondissement qui pèse sur lui, qui lui recommande ses clients, qui l'excite contre ceux qu'il soupçonne d'hostilité ou d'indifférence, qui lui dicte les bons choix, qui lui propose ou lui impose ses créatures. Enlevez aux préfets pour l'attribuer aux inspecteurs d'académie et aux recteurs, — ce qui serait si naturel et si simple — la nomination des maîtres d'école : vous verrez du jour au lendemain le changement. Mais cette substitution si logique, si nécessaire, à laquelle on finira bien cependant par arriver, la politique n'en veut à aucun prix. Elle y perdrait trop : elle veut garder toutes ses foudres pour étonner les instituteurs trop indépendants; elle veut au moins, par vengeance et par représailles, faire trembler de braves gens, quand elle ne réussit ni à les gagner, ni à les contraindre. Voilà pourquoi elle sème tantôt la peur et tantôt fait pleuvoir les décorations dont je vous parlerai la prochaine fois.

LES DÉCORATIONS

BIBLIOTHÈQUE NATIONALE
R.F.
IMPRIMÉS

LES DÉCORATIONS

Mon cher Directeur,

La manne céleste n'est tombée qu'une fois, à ma connaissance, sur le peuple hébreu ; la manne officielle, sous la forme de décorations diverses, tombe toute l'année sur nos campagnes, qu'elle arrose sans les fertiliser. Ou plutôt elle les fertilise d'une certaine façon, électoralement ; elle y fait éclore la gratitude ou la convoitise et prépare ainsi pour la moisson future, c'est-à-dire pour les élections prochaines, de bons bulletins. Elle tombe pres-

que sans interruption, tantôt en averse et par
ondée, à certaines époques périodiques : au
jour de l'an, pour donner des étrennes mul-
ticolores aux amis du gouvernement; au
14 juillet, pour célébrer la prise de la Bas-
tille et la Fête Nationale en épanouissant des
boutonnières privilégiées; tantôt en petite
pluie douce, à l'occasion d'une cérémonie
locale, visite ministérielle, inauguration, co-
mice agricole; tantôt en gouttelettes déta-
chées, pour récompenser immédiatement une
amitié utile ou pour l'encourager au dévouement.

Il semble étrange et même paradoxal, au
premier abord, de voir une démocratie égali-
taire, comme la nôtre, si avide de ces distinc-
tions qui créent de vaines différences entre
les hommes. Ce qui distingue ou devrait dis-
tinguer des citoyens, des hommes libres,
n'est-ce pas plutôt le mérite personnel que le

Mérite agricole lui-même? la valeur civique, intellectuelle et morale, les services rendus, plutôt que le port d'un insigne ou d'un ruban? Napoléon, qui institua la Légion d'honneur et qui rêvait, au lendemain de Wagram, d'instituer l'ordre moins connu des Trois Toisons, se plaisait à dire qu'on mène les hommes avec des hochets, comme les enfants. Cette boutade un peu méprisante d'un empereur, d'un chef d'armée, qui voulait surexciter le sentiment de l'honneur parmi des soldats, serait-elle donc toujours vraie, même pour les démocraties pacifiques? Quoi qu'il en soit, les décorations sont toujours un instrument de règne et, sous le charmant régime du scrutin d'arrondissement, un bon moyen, simple, commode et gratuit pour M. le Député de prouver son crédit et son influence, de récompenser ou de stimuler les ferveurs électorales, de fleurir les boutonnières de ses amis et de faire rougir de confusion celles des autres... A Paris, vous ne vous doutez pas de ces choses : le scepticisme et l'accoutumance vous ont rendus plus indifférents, plus philosophes; mais en province et surtout dans les villages où tout ce qui distingue un homme de ses voisins et de ses égaux est un événement local, ces décorations qui paraissent dans les journaux et que soulignent les commentaires de la presse et de l'opinion prennent tout de suite une importance, ont un écho et une répercussion que vous ne soupçonnez pas. Elles ont quelquefois un caractère de favoritisme et de scandale qu'il serait préférable d'éviter, à tous les points de vue.

Si encore elles étaient bien attribuées, avec moins de profusion et plus de discernement, on ne dirait rien ! Voici, par exemple, les palmes académiques, qui devraient être réservées, n'est-il pas vrai? à quiconque touche au moins un peu à l'instruction, aux lettres, à la presse. Ce joli ruban violet, timide et sérieux, donne ou devrait donner symboliquement de l'homme qui le porte l'idée d'un être pensant, dont le cerveau a travaillé, si peu que ce soit, qui a une certaine culture intellectuelle, qui a eu quelque commerce avec les livres, avec les idées, qui appartient à l'élite éclairée de la nation. C'est du moins pour signifier cela que les palmes académiques, si prodiguées et si galvaudées depuis l'origine, ont été instituées. J'ai vu, nous avons tous vu, autour de nous, ce ruban violet donné en gros et par aunes à un tas de gens qui n'avaient rien fait pour le mériter. On eût dit qu'il changeait de couleur en éclatant à leur boutonnière : il y devenait d'un violet cru, insolent et agressif, qui blessait les yeux. La vanité, d'abord surprise, puis

bouffie, qu'il inspirait à ses titulaires, était
une sorte de défi au sens commun, à l'opinion
et à la justice. Nous en rions, nous autres,
parce que tout nous amuse et nous instruit.
On n'en rit pas à la campagne, ou, si l'on
commence par en rire, on s'en fâche, à la réflexion, et l'on s'en irrite. Ceux qui méritaient
mieux ce bout de ruban et qui ne l'ont pas
obtenu en conçoivent un dépit assez légitime et disent tout bas ou tout haut : « Pourquoi celui-là ? » Ceux qui ne le méritaient pas
davantage, mais qui auraient pu le recevoir
aussi bien, se disent de leur côté : « Pourquoi
pas moi ? »

Il en est de même du Mérite agricole, qui
devrait être réservé soigneusement aux agri-
culteurs sérieux. La preuve qu'on le donne
quelquefois bien étourdiment c'est que moi-
même — pardonnez-moi cet aveu dépouillé
d'artifice — j'ai failli l'avoir, il y a quelques

années. Je l'ai refusé, non seulement par modestie mais par confusion, dans la conscience de mon indignité, que j'étais le premier à sentir et à reconnaître; j'ai eu le plaisir de le faire donner à un autre qui avait tous les titres que je n'ai pas. Mais tous ces rubans, le ruban violet, le ruban vert, le ruban rouge lui-même, dans les grandes occasions, dans les cas exceptionnels ou désespérés (cela s'est vu) sont les menues faveurs qu'un député « qui se respecte », comme on dit, omnipotent et industrieux, doit toujours avoir à sa disposition pour s'assurer ou se conserver une clientèle. C'est sa manière de prouver qu'il a le bras long, puisqu'il peut décrocher toutes les timbales. Il monte à l'arbre, au mât de cocagne administratif, à des époques précises et à des moments opportuns : ce mât de cocagne, huilé ou savonné pour tant d'autres, est accessible pour lui; il a son échelle. Il

s'est concerté à l'avance avec son préfet et
son sous-préfet; il entre, confiant et hardi,
dans les bureaux de l'administration centrale
où se fait périodiquement la distribution : il
demande, il réclame sa part; on la lui donne.
Si on a l'air de la lui refuser, il insiste. Il n'y
a que les timides ou les discrets qui n'aient
aucune chance de réussir; un député ténace
et vociférant finit toujours par avoir gain de
cause. Il écrit à l'ami, au client qu'il recom-
mandait, sous une belle enveloppe où les
deux majuscules R. F. encadrent le faisceau
consulaire, surmonté d'une hache : « J'ai vu
le Ministre. Votre décoration est à la signature. Cordialités. »

Cette hache symbolique mais émoussée ne
tranche aucun de ces abus. M. le Député d'arrondissement y gagne sans doute quelque
chose : il démontre et il étend ainsi son influence, mais la République elle-même, qui

est encore plus intéressante que lui, ne peut y gagner. Il est inadmissible que ces décorations plus ou moins modestes, qui ne devraient être attribuées, après enquête et discussion sérieuse, qu'à des titres sérieux, soient tous les jours, par marchandage électoral et sous la pression d'influences purement politiques, jetées à des gens plus ou moins qualifiés — ou disqualifiés — qui n'ont pour les recommander que l'insistance préfectorale ou législative. Sans cela, on dira bientôt dans nos campagnes, on le dit déjà : « Tiens ! on a palmé ou décoré Untel ! Pourquoi donc ? qu'a-t-il fait ou que va-t-il faire pour mériter son ruban ? Méfions-nous !... »

LE FAVORITISME

LE FAVORITISME

Mon cher Directeur,

Le prisme enchanté des décorations n'est pas le seul que le gouvernement fasse miroiter aux yeux des électeurs utiles. Il dispose encore d'enchantements plus sérieux et de tentations plus fortes ; les pièges ne lui manquent pas pour attirer les alouettes dont il a besoin.

Les gens de la campagne, de leur côté, ont besoin de lui à tout moment. « Donnant, donnant; rien pour rien », c'est la règle ordinaire de ces petits marchés, et la foire, non plus aux vanités mais aux intérêts, s'ouvre toute l'année. « Je vous promets mon appui et mon argent si vous me garantissez vos suffrages. Passez à la caisse dans ces conditions si elles vous conviennent; sinon, non. » Les libertés et l'action des communes sont, en effet, assez restreintes chez nous, comme vous savez. Elles ont eu beau s'étendre et s'accroître au siècle dernier par une série de lois dont la dernière en date, vraiment importante, est la loi municipale du 5 avril 1884. Les habitants de la commune élisent eux-mêmes désormais leur Conseil municipal, qui choisit à son tour parmi ses membres le maire et l'adjoint. En principe donc, c'est la municipalité librement élue qui devrait elle-même régler librement, par ses propres décisions, les divers intérêts de la commune.

Mais, pour les actes les plus importants, les plus nécessaires (achats, ventes, transactions variées), il faut l'approbation du préfet.

M. le Préfet et son Conseil de préfecture, qui ne font rien, qui ne veulent rien faire sans l'avis favorable de M. le Député et que d'ailleurs M. le Député lui-même avise, renseigne et dirige le plus souvent, donnent ou refusent cette approbation selon les lieux, les personnes et les circonstances. Les municipalités bien pensantes sont servies les premières ; les autres attendent ; quand elles se fâchent et réclament, à bout de patience, leurs réclamations n'ont pas beaucoup plus de succès que leurs requêtes. Je connais un village de nos pays où les affaires de la commune restaient ainsi en souffrance parce que le maire, excellent administrateur du reste et très bon républicain, mais de caractère difficile, c'est-à-dire indépendant, n'était pas homme, lorsqu'il avait le droit pour lui, à prier M. le Député de vouloir bien agir sur M. le Préfet.

Après les communes, les sociétés. Il s'en est fondé de nouvelles un peu partout et de toute nature, depuis quinze ou vingt ans. Le Français, que l'on croit plus individualiste qu'il ne l'est, ne répugne pas aux associations, et il y en a d'excellentes sur la quantité. La plupart, les meilleures et les plus actives généralement, vivent toutes seules, de leurs propres ressources, des cotisations de leurs membres, de la générosité périodique ou intermittente de ceux qui s'intéressent à leurs efforts. Un assez grand nombre, surtout dans les petites communes où l'on n'est pas riche, ont besoin d'être secourues. Sociétés de gymnastique et de tir, sociétés de musique, orphéons, etc., elles sollicitent, espèrent et attendent un encouragement, une modeste subvention, temporaire ou annuelle, soit du Conseil général, soit du ministère de l'intérieur. Dans ce dernier cas, elles doivent recourir à M. le Préfet pour introduire leur demande et à M. le Député pour la soutenir. La chose pourrait et devrait, semble-t-il, aller toute seule : il suffirait, après enquête, de préciser et de comparer les services rendus, de confronter, par exemple, le passé, le progrès et les ressources de deux sociétés concurrentes qui demandent à l'Etat le même appui, au ministère la même allocation. On la donnerait, naturellement, à celle des deux qui la mérite davantage. Mais, comme tout ce qui est juste, c'est beaucoup trop simple. Le piston — je vous demande pardon pour ce terme familier, qui est entré malheureusement dans la langue courante — intervient alors et fait son office. Les plus pistonnés, je veux dire les amis de M. le Député et de la

Préfecture, ont gain de cause ; les plus méritants quelquefois, mais les plus dépourvus des protections nécessaires et irrésistibles, sont renvoyés aux calendes grecques, qui ne viennent jamais. « La Trinité se passe », comme dans la chanson, et la Société vit, végète ou meurt sans avoir rien reçu.

Après les sociétés, les familles et les individus. C'est encore la même chose. S'agit-il de diriger un malade ou un vieillard sur un hospice, un aliéné sur un asile ; d'obtenir un dégrèvement d'impôts pour un petit propriétaire ou un groupe de petits propriétaires dont la récolte a été perdue (incendie, grêle, inondation, etc.) ; de faire toucher un petit secours, provisoire et immédiat, à la victime intéressante de quelque accident, à un cantonnier, par exemple, ou à un facteur rural saisis par un coup de froid ou frappés d'une insolation grave pendant leur travail ; d'ajourner l'appel sous les drapeaux, de hâter un peu la libération prochaine d'un jeune soldat dont la famille, soudainement éprouvée, a besoin de lui; de faire distribuer ici ou là les pupilles de l'Assistance publiques; d'éviter ou de diminuer les frais de justice... que sais-je encore? — je n'en finirais pas si je voulais énumérer ce que vous savez, du reste, aussi bien que moi — la faveur l'emporte trop souvent sur le mérite et les protections, avouées ou secrètes, entrent en jeu quand les titres et les droits devraient seuls entrer en ligne. On dit couramment que « les bons comptes font les bons amis ». Ce sont, au contraire, les bons amis et les grands amis qui, dans ces occasions-là, font les bons comptes.

Ceux qui ne peuvent compter sur personne, qui ne trouvent personne parmi les gros bonnets de la politique pour s'intéresser à

leur situation et pour défendre leurs intérêts,
n'ont qu'une ressource, qui n'en est même
pas une, celle de se plaindre et de prendre
en patience un mal qu'on ne les aide pas à
soulager. Tous ces détails, inaperçus mais
douloureux, toutes ces petites misères de la
vie des humbles, n'intéressent pas beaucoup,
me dira-t-on, la chose publique... Croyez-
vous? *De minimis non curat prætor;* M. le
Préfet ne s'occupe pas de ces broutilles!
Qu'importe un petit passe-droit de plus ou
de moins! C'est justement dans tout cela que
la République devrait prouver son existence
et la démocratie sa réalité, tandis qu'un favoritisme cruel, odieux et illégal nous ramène,
chaque jour, au régime du bon plaisir et à
l'iniquité des privilèges. Rassurez-vous : je
ne veux pas déclamer là-dessus : ce n'est
point mon goût; je me borne à vous signaler, en hâte, cette forme vilaine et malfai-

sante des invasions de la politique dans un domaine qui devrait lui être interdit.

Ce n'est pas tout. Ce qu'il y a de plus triste et de plus bas c'est que ceux mêmes qui devraient rougir de ces pratiques et avoir au moins la pudeur de les cacher n'en font pas mystère. Ils les proclament et s'en vantent, comme s'il y avait une gloire à prouver qu'on est capable de faire le mal ou d'empêcher le bien quand un intérêt politique le commande, comme si la voix de l'ambition ou de l'esprit de coterie devait être plus forte que celle de l'humanité... M. le Préfet ne se trouble pas pour si peu dans sa préfecture; il s'en rapporte à M. le Député, qui s'en réfère à M. le Délégué, et celui-là dort tranquillement sur ses deux oreilles, qu'il serait bon de lui tirer de temps en temps.

M. LE DÉLÉGUÉ

M. LE DÉLÉGUÉ

Mon cher Directeur,

Celui-là vous le connaissez bien, vous l'avez
vu : on doit le rencontrer dans votre pays,
aux bords de la Creuse, aussi souvent que
dans le mien, aux bords de la Seine : il a
beaucoup pullulé, depuis une quinzaine d'années, dans nos quatre-vingt-sept départe-
ments. Comme vous, je connais quelques
échantillons de cette vilaine engeance ; je me
suis même donné le petit plaisir de leur dire
en face ce que je savais et ce que je pensais

de leur industrie. Malheureusement, cela ne les empêche pas de continuer. Une illusion et une duperie des honnêtes gens est de supposer une conscience à des drôles qui n'en ont pas ou qui en ont plusieurs, ce qui revient au même.

Bien qu'il y ait entre tous les délégués un air de famille, les types diffèrent, même extérieurement. On en voit de tout poil et de tout calibre. Il y en a de rubiconds, joyeux et pansus, tout gonflés de leur importance; d'autres tristes comme un jour sans pain, parce que leur besogne, après tout, n'est pas toujours gaie; de maigres et de jaunes, à qui la bile sort des yeux et qu'elle dévore; de souples et de fuyants comme des fouines; de fiers comme des coqs; de vaniteux comme des paons, et ici ou là, de bêtes comme des oies. On pourrait encore allonger la ménagerie. L'espèce comprend deux variétés principales :

ceux que pousse la vocation et ceux que détermine l'intérêt. Car la vocation existe, n'en doutez pas. Un de mes amis, un médecin observateur, qui passe toute sa vie chez nous à la campagne, me l'a signalée : il l'a étudiée sur place; il m'en a fait pour ainsi dire toucher du doigt, comme dans une clinique, un certain nombre de cas intéressants. Elle se manifeste surtout dans les pays pauvres et chez certains dégénérés du côté moral; elle doit être, par conséquent, assez répandue. La chose, d'ailleurs, est aussi vieille que la démocratie elle-même. Nos délégués d'aujourd'hui, messieurs les délégués, Athènes les appelait autrefois les « sycophantes », c'est-à-dire les mouchards de la contrebande des figues... Nous n'avons qu'à relire les discours de Lysias « contre Eratosthène » et « en faveur d'un suspect » pour nous en convaincre.

Le délégué par vocation est peut-être le plus curieux. Il y met une candeur cynique, une perversion ingénue, qui désarme à la fois et qui exaspère. Il ne rougit pas de son triste métier, bien loin de là : il l'étale, s'y pavane et s'y vautre, avec une espèce de vanité d'ailleurs mal placée. Il a une âme niaise et solennelle de valet bouffi. Il se prête sans hésitation aux corvées les plus répugnantes ; il va presque jusqu'à les solliciter, pour se faire valoir auprès de ses maîtres. Il affronte le mépris, dont peut-être il ne se rend pas bien compte. Ce que nous appelons nos scrupules vient presque toujours d'une timidité que nous donne notre délicatesse : il n'est pas timide ; c'est une force de n'être pas timide, en démocratie. C'en est une aussi de ne pas avoir le moindre sentiment du ridicule et d'en avoir un, démesuré, robuste, épanoui, de son importance ; on dispose les autres à y croire, en l'exagérant, puis, de proche en proche, la contagion opère. L'essentiel pour cet important de petite commune, puéril et boursouflé, est d'avoir l'air de jouer un rôle, de tenir une place, d'être quelqu'un, de figurer, même au plus bas échelon, dans la cabale, dans la bande et la troupe politique dont il fait partie. Il s'imagine volontiers que c'est lui qui mène la chasse, parce qu'il fait la soupe aux chiens.

Le délégué par intérêt, par ambition ou par rancune est pire tout de même. Celui-là est une mauvaise bête. Hargneux, sournois et vindicatif, il est à l'affût, comme un braconnier, de toutes les occasions de nuire. Agressif et insolent, lorsqu'il se croit le plus fort ou qu'il se sent bien appuyé — les appuis, du reste, ne lui manquent pas et il s'en vante — rampant, hypocrite et même doucereux, quand il lui faut ruser pour atteindre son but et masquer son piège pour mieux surprendre, il change d'allure, de voix et de visage suivant les lieux, les personnes et les circonstances. On le connaît bien, autour de lui, et on ne l'aime guère ; mais vous connaissez l'âme obscure et méfiante des paysans : les uns, qui ont peur de lui, le ménagent par une vague appréhension ; les autres le méprisent silencieusement ; ce sont les femmes surtout, plus impulsives et quelquefois plus braves que les hommes, qui se moquent de lui avec leurs yeux rieurs et narquois quand il a cherché chicane et causé des ennuis à leur mari ou à leur enfant.

Ces délégués rendent à leurs grands patrons toute espèce de services, tous les services menus et louches qu'on peut attendre de ces gens-là. Ils sont d'abord les correspondants ordinaires, les informateurs politiques des journaux du Parti. Ils savent écrire un peu, pas beaucoup. Pendant toute l'année, mais surtout dans la période des élections municipales ou législatives, ils envoient à la presse locale des correspondances généralement anonymes où le secrétaire de la rédaction nettoie l'orthographe, redresse la syntaxe et supprime quelques âneries. (Il vaudrait encore mieux supprimer les ânes.) Ils correspondent aussi, respectueusement ou affectueusement, avec M. le Député lui-même, qui leur répond : « Mon cher ami... », et avec les grands chefs de son Comité ; ils envoient, sur requête, à la Sous-Préfecture et à la Préfecture les renseignements dont elles ont besoin et qu'elles ne veulent pas demander aux maires. Ce sont des indicateurs utiles, qu'un avis discret, écrit ou oral, suffit à mettre en mouvement. Ne croyez pas que l'odieux système des fiches, dont l'on a tant parlé, ait entièrement disparu dans nos campagnes ;

les fiches ne sont pas mortes, la délation non plus et les délateurs ne veulent pas abandonner un petit commerce, sournois et prospère, qui a pour eux plus d'avantages que d'inconvénients.

A l'intérieur de leur village et dans le cours ordinaire de l'année, ils rendent encore d'autres services à la Cause. Ils se chargent ou on les charge de maintenir à une bonne température le zèle des partisans, des frères et amis; ils sont les bons chiens de garde, qui veillent sur le fief, sur le domaine électoral de M. le Député. Ils raniment les fidélités chancelantes, ramènent les égarés, enhardissent les indécis, mordent ou essayent de mordre les dissidents et leur jappent après les jambes. Il y aurait un joli livre à faire, une brochure au moins, sur la vie et l'action dans les campagnes de M. le Délégué, de ce garde champêtre politique, de ce commissaire *in partibus,* sans plaque et sans écharpe, qui est un composé assez étrange, bouffon et nocif, du rabatteur, du rapporteur, du bedeau maçonnique et de l'agent secret. On le récompense de tout cela par des faveurs et par des promesses. On le décore même quelquefois pour essayer de le relever dans l'estime publique; il serait plus difficile de la lui rendre.

LES TOURNÉES DE M. LE DÉPUTÉ

LES TOURNÉES DE M. LE DÉPUTÉ

Mon cher Directeur,

Nous avons vu bien des gens et bien des choses; nous sommes allés au cirque, au théâtre, au Jardin d'acclimatation, à la Chambre. Celui qui n'a pas vu les tournées de M. le Député dans sa circonscription, dans son domaine électoral, n'a rien vu. C'est un des joyeux spectacles de ce temps-ci qui n'est pas gai tous les jours, mais où il est permis tout de même de se divertir un peu quand on regarde, sans méchanceté, avec des yeux ouverts et amusés, autour de soi.

Il y a la petite et la grande tournée. La petite se fait en petite tenue. M. le Député en petit chapeau melon, coiffure simple qui loin de nuire à son prestige ajoute au contraire à sa popularité, vient voir à la bonne franquette ses chers électeurs. Un ami complaisant votera pour lui, si besoin est, en son absence. On a beau être laborieux, on ne peut pas travailler toute l'année sans interruption, même pour quinze mille francs. Il est doux de revenir à son berceau, de respirer l'air natal, de se retremper dans le sein confiant du suffrage universel. Quelques amis prévenus, discrets et fidèles, viennent attendre à la gare leur représentant. On est entre soi, en petit comité, c'est le cas de le dire. On va prendre un apéritif au café de la Gare ; puis on entre en passant à l'école laïque, où

M. le Député, de sa grâce, donne congé aux gamins pour l'après-midi. C'est un moyen commode et rapide d'apprendre aux habitants que M. le Député est dans leurs murs : la nouvelle fait en un moment le tour du village. On va ensuite déjeuner chez Pierre ou chez Paul ou tout simplement à l'auberge. Les frères et amis des villages voisins viennent au rapport, les uns à l'heure du café, les autres à l'heure du pousse-café. On parle politique, naturellement, c'est-à-dire on cause des élections ; on échange de part et d'autre des confidences, des promesses, des amitiés..., mais tout cela ne vaut guère la peine d'être raconté.

La grande tournée, la vraie, en grande pompe, en grand tralala, est bien autre chose. Celle-là est, si j'ose dire, la visite pastorale, la tournée de confirmation. Elle a été annoncée longtemps à l'avance par la voie des journaux, par la rumeur publique et par l'affiche du grand banquet populaire où M. le Député, qui parle rarement à la Chambre, va dépenser, au dessert, devant des auditeurs flattés et bienveillants, toutes ses économies d'éloquence. Pour un peu, on tirerait le canon et l'on sonnerait les cloches; mais M. le Député, homme simple et laïque, ne veut ni d'artillerie, ni de carillon; sa présence suffit. La compagnie de pompiers et la fanfare municipale se rendent tout de même à la gare; la *Marseillaise* éclate quand M. le Député descend de son compartiment, le chapeau à la main pour saluer l'Hymne national. M. le Député a son écharpe tricolore qui barre sa forte poitrine et qui imprime le respect aux populations. Le cortège se forme, encadré par les gamins du pays qui se faufilent entre les pompiers et précédé, dans les grandes occasions, par la gendarmerie locale. On se rend, toujours en musique, pour mieux exprimer l'allégresse de ce beau jour, à l'hôtel de ville, où le maire et le conseil municipal offrent un vin d'honneur à M. le Député. On se dirige ensuite vers la salle du banquet, qui a lieu ordinairement sous la halle, décorée pour la circonstance de drapeaux franco-russes et de guirlandes de feuillage entremêlées à des branches de pin. Ce qu'il y a de mieux dans ces banquets politiques, c'est encore le menu ; la cuisine de village est saine et abondante ; le vin, naturel et à discrétion ; il n'y a que le café qui ne vaille pas grand'chose : il y a trop de chicorée.

Il y a également trop de chicorée, si j'ose m'exprimer ainsi, dans l'éloquence de M. le Député ; mais ceux qui l'écoutent sont venus là pour l'applaudir et ils ne lui demandent pas d'être éloquent ; ils lui demandent seulement, ce qui est à la portée de toutes les bouches, de parler et même de crier un peu, en montrant le poing à des adversaires invisibles et en prononçant avec emphase les mots sacrés de République, de Démocratie et de Souveraineté du peuple, pendant trois quarts d'heure. C'est surtout dans les occasions où il abdique le plus sa souveraineté que le peuple souverain est content qu'on la lui rappelle. M. le Député, qui est optimiste, puisqu'il vient de déjeuner, déclare à ses auditeurs que tout va très bien ; que le gouvernement qu'il soutient et que la majorité dont il fait partie sont inébranlables. « L'état de l'Europe est satisfaisant : les quelques nuages qui avaient assombri l'horizon se sont dissipés ; il n'y a que des réactionnaires et des malveillants pour prétendre le contraire. Respectée au dehors, la France est prospère et tranquille à l'intérieur. L'impôt sur le revenu, les retraites ouvrières, tout cela va passer comme une lettre à la poste. Les réformes urgentes réclamées par la démocratie en marche, les dépenses nécessaires, les économies indispensables, la réfection de la marine, les dégrèvements de l'agriculture, tout se fera, tout s'arrangera petit à petit, à la fin de la législature courante ou au commencement de la prochaine. » L'orateur ajoute qu'il est fier de voir la commune de X... — celle où il déjeune — marcher, comme toujours, à l'avant-garde du progrès. Le canton, l'arrondissement, le département, le pays tout entier ont les yeux sur elle. « Les ministres savent, et M. le Député le leur répétera au lendemain de cette belle fête, qu'il y a dans la commune de X... un noyau compact de fervents et de solides républicains. » — Tonnerre d'applaudissements. On boit encore quelques petits verres d'eau de noyau, kirsch ou prunelle, après cette forte allocution. Puis l'heure du train arrive. On reconduit M. le Député avec le même cérémonial et on se sépare enchantés les uns des autres. Le train siffle : il est malheureusement le seul à siffler...

M. le Député, s'il avait un souci plus vif de son rôle véritable et de sa dignité, s'il pensait plus et d'une manière plus sincère à ses électeurs qu'à sa réélection, pourrait tout de même se livrer à d'autres exercices. Ces tournées et ces parades oratoires lui font peut-être du bien, mais ne rendent aucun service réel ni à sa circonscription qu'il ne s'inquiète pas assez d'éveiller à la vraie vie politique, ni à la République elle-même. Au lieu d'abreuver et d'étourdir ses électeurs d'une éloquence presque toujours vaine et ampoulée, il ferait mieux de s'entretenir avec eux familièrement et tantôt de leur rendre compte de son mandat, avec une loyauté simple, tantôt de les mettre en garde contre la crédulité de l'ignorance, les aveuglements de l'esprit de parti et les pièges dangereux de la surenchère. Ce représentant du peuple devrait être, quand il parle à ses concitoyens, un éducateur du peuple. N'a-t-il pas charge d'âmes et charge d'esprits, d'une certaine façon? Neuf fois sur dix, c'est le cadet de ses soucis et la dernière de ses ambitions : il n'est pas toujours capable de la concevoir; il le serait encore moins de la réaliser. Il est moins noble, mais il est beaucoup plus facile d'exploiter le suffrage universel que de l'éclairer.

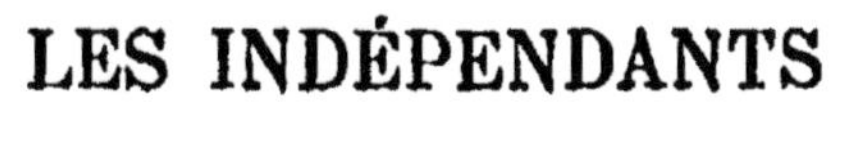

LES INDÉPENDANTS

LES INDÉPENDANTS

Mon cher Directeur,

Les plus grands hommes ne sont pas à l'abri de la discussion. M. le Député, qui n'est pas toujours un grand homme et qui en est quelquefois un très petit, est exposé à la critique, comme tout le monde. Il a beau faire la pluie et le beau temps, vouloir régner dans son fief électoral sans partage et sans contrôle, il a encore, il aura toujours en face de lui des esprits et des caractères indépendants. Les esprits indépendants sont ceux qui ont assez de rectitude et de clairvoyance pour se rendre un compte exact des gens et des choses et pour tenir à leurs idées quand ils les croient bonnes; les caractères indépendants sont ceux qui ont assez de droiture et de fermeté pour ne céder ni à la menace, ni à la promesse et ne pa. fléchir servilement devant le premier venu.

Ces indépendants sont les bêtes noires de M. le Député d'arrondissement et de sa séquelle. Le diable est qu'il ne peut rien sur eux et contre eux : il ne peut rien sur leur honorabilité, qui vaut au moins la sienne; sur leur situation, qui ne dépend pas de lui; sur leur conscience, qu'il lui est aussi difficile de corrompre que d'intimider. On s'efforce de les désarmer et de les réduire par tous les moyens. On essaye d'abord de tourner autour d'eux, de les amadouer; on les fait pressentir par des intermédiaires discrets et obligeants;

on leur propose de petits marchés; on leur laisse entendre que s'ils voulaient gentiment non pas abdiquer mais enchaîner leur indépendance et museler un peu, un tout petit peu, leur opposition, ils y trouveraient certains avantages. On ne demande qu'à les apprivoiser; on les prend par la flatterie, par les morceaux de sucre; on les caresse ou l'on fait semblant, pour qu'ils ne mordent pas; on aimerait mieux les voir donner la patte que montrer les dents. Ils n'ont pas l'air de comprendre et se mettent à rire ou ils flairent le piège et tournent le dos aux marchands de muselières. On les traite alors.— cela se voit tous les jours et nous en avons tous eu la preuve — d'une autre façon.

On leur fait une guerre, tantôt ouverte et tantôt sournoise, toujours acharnée... « La calomnie, monsieur, disait Basile, vous ne savez guère ce que vous dédaignez : j'ai vu les plus honnêtes gens près d'en être accablés... » On essaye de les déconsidérer, de les diminuer au moins dans l'opinion, qu'il est toujours facile, en province et même à Paris, de pervertir et d'égarer provisoirement. On les traite, on les fait traiter par des feuilles de chou complaisantes et par des semeurs de mauvais propos (cela réussissait très bien dans ces dernières années, au temps du combisme) de cléricaux et de réactionnaires. Notez que ce sont eux qui ont implanté la République dans la région et qui l'ont toujours défendue ; mais on oublie très vite, à la campagne comme partout, les services rendus. On lance contre eux les pires insinuations ; on les accuse, sans preuves, de pactiser secrètement avec les ennemis de la République. Ils ne s'émeuvent pas pour si peu de chose.

Quand on n'ose pas s'attaquer à eux directement, parce qu'on les sait de taille et d'humeur à riposter, on les attaque, ce qui est plus lâche et ce qui leur est plus sensible, dans la personne de leurs amis. On taquine, on tracasse et on opprime, à l'occasion, ceux qui ont avec eux de bonnes relations et qui refusent de les abandonner. Ils deviennent dangereux et compromettants. Toute démarche, toute recommandation qui vient d'eux n'est pas seulement écartée de parti pris; c'est une mauvaise note — et on le fait savoir aux intéressés — pour tous ceux qui touchent de près ou de loin à ces parias, à ces suspects, que M. le Député a pris en grippe et que l'administration, qui n'a rien à lui refuser, n'écoute guère, même quand ils vont plaider auprès d'elle, pour de pauvres gens, pour de braves gens, les meilleures causes.

Tant va la cruche à l'eau !... Ces procédés, bas et honteux, ne sont pas souverains : il y a toujours des âmes libres. Ces indépendants, qui ne veulent pas vivre dans l'ombre et sous la coupe de M. le Député, réussissent quelquefois à se faire élire au Conseil d'arrondissement et même au Conseil général. C'est ainsi que, tout récemment, un très galant homme, qui est par-dessus le marché un excellent maire, vient de se faire nommer conseiller général dans un canton important de nos pays, malgré le vœu et l'intervention de M. le Député lui-même, malgré la pression administrative, malgré toutes les influences mises en jeu pour favoriser son concurrent. Il avait fait une profession de foi brève, franche et claire. Une fois élu, il a remercié ses électeurs dans une lettre très simple et très bien tournée, dont voici textuellement le début : « Je vous suis reconnaissant d'avoir montré que vous conservez votre dignité, que vous ne vous laissez pas émouvoir

par les flots de subventions et de rubans qui
arrivent toujours à propos à la veille d'une
élection et que je ne puis certes pas vous
offrir... » M. le Député fera bien de réfléchir,
s'il en est capable, à ce premier avertissement.
L'indépendance est contagieuse. Je connais,
dans ma province et autour d'elle, deux ou
trois circonscriptions où M. le Député, dont
le crédit est en baisse, dont la popularité a
décru, ferait bien, dans son intérêt même, qui,
du reste, ne me préoccupe pas autrement, de
changer d'allure, de langage et peut-être de
politique s'il ne veut pas aux élections prochaines — la date n'est plus maintenant très
éloignée — perdre son prestige, son siège...
et tout ce qui s'ensuit.

Ce qui fait sa force actuelle contre les indépendants, qu'il aurait tort, je crois, de trop
mépriser, c'est leur isolement; ils n'aiment
pas, ils n'aiment peut-être pas assez à mar-

cher en bande. C'est aussi leur délicatesse ; il leur répugne de se servir, même par représailles, des armes qu'on a si souvent employées contre eux. Ce qui fait, d'autre part, leur force en face de lui, si solide, si invulnérable et si intangible qu'il se suppose, c'est que tout le monde, autour d'eux, les sait parfaitement désintéressés. Ils ne sont ni des mendiants, ni des parasites, ni des ambitieux. Les honneurs ne les tentent pas, parce qu'ils ont appris à s'en passer et qu'ils ont vu de près, de très près, toutes les misères de ceux qui vivent uniquement de la politique. Le jour où les plus déterminés de ces indépendants se décideront à sortir de leur retraite et de leur silence, où, comme on le leur a maintes fois offert, ils prendront la tête d'un mouvement qu'on leur demande d'appuyer et même de conduire, M. le Député d'arrondissement et sa coterie de profiteurs passeront sans doute un mauvais moment.

M. le Député et les moins bêtes de ses amis s'en rendent compte; ils ont déjà une vague appréhension. Ce n'est pas la justice et la raison, dont ils se moquent, c'est l'intérêt qui commence à leur ouvrir les yeux. Il est trop tard. Ces indépendants dont je vous parle seraient bien naïfs, bien généreux ou bien veules s'ils se laissaient duper aujourd'hui par des semblants de promesses de conversion qui ne peuvent tromper que des nigauds. Leur rôle est tout tracé. Ils n'ont qu'à persévérer, sans ostentation et sans défaillance, dans leur attitude. Le bon sens populaire a déjà fait justice des vaines attaques dirigées contre eux; l'événement a prouvé que leur méfiance si motivée contre un parti d'exploiteurs et contre les chefs ou les compères de ce parti n'était pas injuste. Ils ont dénoncé

des abus qui ont fini par devenir criants ;
condamné une politique qui n'est plus défendue que par ceux qui en profitent. Ils seront
tout désignés pour en inaugurer une autre, qui
sera justement le contraire de celle-là.

CONCLUSION

CONCLUSION

Mon cher Directeur,

Me voici parvenu à la fin de ces petites notes
sur la province que vous m'aviez permis de
vous envoyer. Je n'y ai fait aucune personna-
lité indiscrète et méchante : ce genre de polé-
mique n'est pas plus dans les habitudes de
notre chère maison que dans les miennes; je
n'ai pas noirci les couleurs; je n'ai dit en
conscience que ce que je savais être la vérité;
je suis plutôt resté en deçà que je ne suis
allé au delà du vrai.

Ce qui me fait croire, sans excès d'amour-propre, que j'ai touché juste, ce sont les lettres nombreuses qui me sont arrivées de divers côtés; lettres d'approbation et d'encouragement; lettres de documents et de témoignages, qui m'ont prouvé que l'arrondissement dont je vous parlais ressemblait à bien d'autres et que l'histoire de ma petite sous-préfecture était vraie partout; lettres de récriminations et de reproches, presque toujours irritées, sinon injurieuses — il faut se faire à tout — assez souvent anonymes, quelquefois niaises. Je remercie tous mes correspondants: ceux qui m'ont approuvé, pour leur sympathie; les autres pour leur malveillance même, puisque rien ne contente plus un ami de la vérité que de savoir qu'il a mécontenté ceux qu'elle offense. Je remercie enfin nos confrères de la presse provinciale qui, en reproduisant mes articles, leur ont donné ainsi la

plus flatteuse et la plus active des répercus-
sions.

De tout ce que j'ai observé ou recueilli, vu
ou entendu, il ne reste plus qu'à tirer la conclusion. Elle saute aux yeux. La République
contrefaite et défigurée, le parlementarisme
dénaturé que nous avons aujourd'hui en
France ne peuvent plus durer bien longtemps. Autrement — et ce n'est pas le vœu
d'un réactionnaire, mais la crainte d'un républicain loyal et dévoué — ce serait la faillite
prochaine de la démocratie. La République
ne se conçoit pas sans le plein exercice et la
pleine jouissance de la liberté; le parlementarisme ne se comprend pas sans la division
des pouvoirs. Or la liberté des individus, des
citoyens est restreinte ou supprimée de plus
en plus par une extension abusive et oppres-
sive des droits régaliens de l'Etat; en d'autres
termes, le régime dangereux et tyranni-

que de l'Etat-Providence tend à se substi-
tuer partout à l'action et à l'initiative privées ;
d'autre part, l'action personnelle ou collec-
tive des parlementaires, en d'autres termes,
le régime détestable des influences, du bon
plaisir et de la faveur se substitue de même,
dans toutes les branches de l'Administration,
victime ou complice de ces abus, aux ressorts
et aux rouages essentiels d'une véritable
démocratie.

Les provinciaux sont toujours attachés à la
République. Ils l'ont acclamée ou acceptée ;
ils ne songent ni à la discuter, ni à la détruire ;
mais elle tient tout entière pour eux, daignez
le croire, dans ces trois mots, qu'on a écrits
sur tous les édifices et qui sont entrés, comme
un symbole, dans tous les esprits : Liberté,
Egalité, Fraternité. La liberté ! on en parle
toujours beaucoup ; on l'oublie souvent. Les
provinciaux, gens à principes et à traditions,

raisonnables et réfléchis, la voient fleurir autour d'eux sous ses formes les moins engageantes. La liberté de la presse, qui est sans doute excellente, entre honnêtes gens, mais qui veut un frein et une digue, est sortie de ses limites naturelles, qui lui sont tracées par le respect d'autrui : elle n'est trop souvent que la liberté du mensonge, de la calomnie et de l'injure. La liberté du désordre, du sabotage et de l'anarchie est générale : elle se proclame, s'affiche et se manifeste impunément. La liberté de conscience est moins respectée. De prétendus libres penseurs outragent et dénoncent tous les jours ceux qui veulent encore penser librement. Des officiers sont frappés pour avoir entendu un sermon auquel ils ne s'attendaient pas et dont la faute ne devait pas retomber sur eux; des fonctionnaires sont mal notés, parce que leurs femmes et leurs filles vont à la messe. Reconnue en principe, mais niée en fait, l'indépendance des juges n'est qu'une illusion. La liberté de la délation s'exerce aux dépens de celle des croyances, des opinions — et des caractères... Les preuves abondent et il est inutile de s'étendre là-dessus plus longuement.

D'égalité, les bons provinciaux n'en voient pas plus autour d'eux que de liberté. Ils croyaient innocemment que la Loi était égale pour tous. On leur a montré, on leur montre chaque jour le contraire, non pas à leur stupéfaction, car ils commencent à ne plus s'étonner de rien, mais à leur détriment. A quoi bon se mettre en colère ? « On aurait deux peines, comme on dit à la campagne, celle de se fâcher et celle de se défâcher. » On se résigne. Les Français n'ont pas tant changé qu'ils le croient depuis Mazarin. « Qu'ils chantent, disait le cardinal, au temps où il

surtaxait les contribuables, pourvu qu'ils
payent ! » On dit maintenant : « Qu'ils gro-
gnent, pourvu que nous soyons les maîtres ! »
M. le Député et ses amis sont les maîtres de
l'arrondissement qu'ils ont mis ou qu'ils vou-
draient mettre en coupe réglée. Il n'y a plus,
grâce à eux, dans l'arrondissement, que deux
catégories, très inégales, de citoyens. Les
uns, les amis, ceux qui votent bien et qui font
bien voter autour d'eux, sont les maîtres du
pavé, les rois du jour, ceux-là peuvent tout se
permettre : on ferme les yeux sur leurs fantaisies et même sur leurs délits; ils peuvent
même se mettre au-dessus des lois; tous les
sourires, toutes les faveurs sont pour eux; ils
n'ont qu'à dire merci, quand ils sont bien
élevés et ils s'en dispensent quelquefois, tant
ils sont sûrs et enivrés de leur privilège. Les
autres, les pauvres sires, vous et moi, ceux
que M. le Député n'honore pas de son amitié,

ne couvre pas de sa protection, ne touche pas de son écharpe miraculeuse, n'ont qu'à courber la tête et à tendre le dos. Tant pis pour eux s'ils aiment encore mieux cela que tendre la main !

> Chapeau bas, chapeau bas !
> Gloire au marquis de Carabas !

M. le Député d'arrondissement ressemble, costume à part, à ce marquis de Carabas, qui faisait rire Béranger et qui est encore au monde, comme nous voyons.

Sans la Liberté, qui épanouit les hommes, sans l'Égalité, qui les rapproche, comment voulez-vous que subsiste la Fraternité? Nous sommes frères comme des chiens qui se battent : on se bat partout. Rien n'engendre l'aigreur et la dispute comme l'injustice et les passe-droits. Autrefois, les étrangers eux-mêmes, frappés de notre manière aimable de prendre la vie, étaient charmés et surpris de la cordialité joyeuse qu'ils voyaient dans nos villages : ils en faisaient honneur à notre sociabilité. Entrez maintenant dans un village. Neuf fois sur dix, vous y verrez la discorde et la haine, semées par des mains brutales et méchantes. De voisin à voisin, de porte à porte, les rapports se sont tendus, les âmes aigries : c'est tantôt une méfiance sourde, une hostilité muette et sournoise, tantôt une guerre déclarée, qui met aux prises, à la moindre occasion, les deux partis en présence. L'idée du bien public pourrait seule les réconcilier; mais M. le Député d'arrondissement ne pense pas plus au bien public qu'à sa première bavette. Son intérêt électoral, qui prime pour lui tout le reste, est de diviser pour régner, et son Comité, ses délégués, attisent cette division dont ils se partagent les profits... Permettez-moi, mon cher directeur, pour m'abriter derrière un grand nom, de terminer sur cette pensée de Montesquieu *(De la corruption du principe de la démocratie)* : « ... Il se forme de petits tyrans, qui ont tous les vices d'un seul. Bientôt ce qui reste de liberté devient insupportable : un seul tyran s'élève; et le peuple perd tout, jusqu'aux avantages de sa corruption. » — Nous en sommes là.

TABLE

	Pages
Préface	1
En Province	3
Le Député d'arrondissement	13
Le Comité	25
Les Amis de M. le Député	37
M. le Sous-Préfet	49
La Justice	61
Les Petits Fonctionnaires	73
Les Instituteurs	85
Les Décorations	97
Le Favoritisme	109
M. le Délégué	121
Les Tournées de M. le Député	133
Les Indépendants	145
Conclusion	157

ORLÉANS. — IMPRIMERIE ORLÉANAISE, RUE ROYALE, 63.

BERNARD GRASSET, éditeur, 7, rue Corneille. — PARIS

DERNIÈRES PUBLICATIONS

ÉMILE BAUMANN. — **L'Immolé** : roman
(5ᵉ édition), *ouvrage couronné par
l'Académie française* . . . . 3 fr. 50

ÉTIENNE REY. — **De l'Amour**, *prix des
« 45 »* (4ᵉ édition). . . . . 3 fr. 50

PIERRE GRASSET. — **Un Conte bleu**, roman, *prix des Annales* (4ᵉ édition) . 3 fr. 50

JEAN GIRAUDOUX. — **Provinciales** : nouvelles (3ᵉ édition). . . . . 3 fr. 50

JEAN NESMY. — **La Lumière de la Maison**
roman (3ᵉ édition). . . . . 3 fr. 50

JEAN HARMAND. — **Correspondance inédite du duc d'Orléans et de la
duchesse de Montesson (1773)**. . 2 fr. »

MAURICE LEVAILLANT. — **Le Temple intérieur**, poèmes. . . . . 3 fr. 50

RENÉ LAURET. — **Line, histoire lorraine**, roman. . . . . 3 fr. 50

———

Collection " Les Études Contemporaines "
ÉMILE FAGUET, de l'Académie Française.
— **Le Culte de l'Incompétence** . . 2 fr. »

pour paraître le 15 avril :
PIERRE LEGUAY. — **La Sorbonne Contemporaine**. . . . . 2 fr. »

———

IMP. RENAUDIE, 18, RUE DE NEVERS. — PARIS

www.ingramcontent.com/pod-product-compliance
Ingram Content Group UK Ltd.
Pitfield, Milton Keynes, MK11 3LW, UK
UKHW020159130726
13696UKWH00002B/612

9 782019 208301